湖北民族大学教学研究重点项目《社会学专业实践教学模式研究》（2013JYZ23）与国家自然科学基金项目《武陵山农村贫困的影响因素、形成机理与治理研究——以恩施州为例》（71463014）成果

综合变革、实践创新与人才培养

湖北民族大学社会学专业建设的探索与实践

谭贤楚　张明波　李萌萌　著

知识产权出版社

全国百佳图书出版单位

图书在版编目（CIP）数据

综合变革、实践创新与人才培养：湖北民族大学社会学专业建设的探索与实践 / 谭贤楚，张明波，李萌萌著 . —北京：知识产权出版社，2018.12

ISBN 978-7-5130-6046-2

Ⅰ . ①综… Ⅱ . ①谭… ②张… ③李… Ⅲ . ①高等学校—社会学—专业设置—研究—湖北

Ⅳ . ① C91

中国版本图书馆 CIP 数据核字 (2018) 第 298935 号

内容提要

本书着眼于湖北民族大学社会学专业建设，从整体上展示了地方院校专业建设的基本概况，秉承"能力主导"的现代教育理念，积极更新教育观念，优化教育模式，对地方院校专业建设中的"综合变革、实践创新与人才培养的关系"进行了较深入的思考，以期窥一斑而知全豹，对我国地方院校高素质人才的培养从理论和实践两个方面提供借鉴和启发。

责任编辑：许　波　张冠玉　　　　　**责任印制：**孙婷婷

综合变革、实践创新与人才培养：
湖北民族大学社会学专业建设的探索与实践

ZONGHE BIANGE、SHIJIAN CHUANGXIN YU RENCAI PEIYANG:
HUBEI MINZU DAXUE SHEHUIXUE ZHUANYE JIANSHE DE TANSUO YU SHIJIAN

谭贤楚　张明波　李萌萌　著

出版发行：知识产权出版社有限责任公司		网　　址：http://www.ipph.cn	
电　　话：010-82004826		http://www.laichushu.com	
社　　址：北京市海淀区气象路 50 号院		邮　　编：100081	
责编电话：010-82000860 转 8699		责编邮箱：zhangguanyu@cnipr.com	
发行电话：010-82000860 转 8101		发行传真：010-82000893	
印　　刷：北京虎彩文化传播有限公司		经　　销：各大网上书店、新华书店及相关专业书店	
开　　本：720mm×1000mm　1/16		印　　张：13.75	
版　　次：2018 年 12 月第 1 版		印　　次：2018 年 12 月第 1 次印刷	
字　　数：170 千字		定　　价：58.00 元	

ISBN 978-7-5130-6046-2

前　言

通常认为，大学的基本职能有三个方面，即培养人才、科学研究与社会服务，但其核心职能与纽带是人才培养，因为"科学研究与社会服务"最终都必须服务于"人才培养"，这是大学之所以存在的内在逻辑。习近平总书记在党的十九大报告中明确指出："建设教育强国是中华民族伟大复兴的基础工程，必须把教育事业放在优先位置，加快教育现代化……"这为我国高等教育的改革指明了基本方向。2018 年 6 月 21 日，教育部部长陈宝生在四川成都的"新时代全国高等学校本科教育工作会议"中也明确指出：不抓本科教育的高校是不合格的高校，必须推进"四个回归"，即'回归常识'+'回归本分'+'回归初心'+'回归梦想'"。因此，要有效推进教育改革，培育高素质人才，就必须基于现代教育理念进行全方位的"综合变革"。

实践证明，教育理念的转变与更新是提高大学教育质量的根本前提和保证，先进的教育理念是一切教育改革成功的基础和关键。自中华人民共和国成立以来，我国的高等教育虽然取得了较快的发展，但仍与我国快速变迁的现代经济社会发展与进步有明显的差距，其教育结构与规模（如适度控制）、教育改革（包括现行教育体制）和实践创新与人才培养的关系，仍须进一步加以科学认识和把握，这既需要从实践层面加以回答，也需要从理论高度来加以总结与提炼。可见，地方院校基于"创新教育的实施"

培养大学生的实践创新能力与社会适应能力，这"既是时代的要求，又是社会经济发展的迫切需要"。因此，地方高校要真正提高人才培养的质量，就必须遵循大学生的学习特性及其规律，进行多维度的"综合变革"，秉承"教为不教，学为创新"的教育理念，通过"优化人才培养模式、改进教学方法、实施创新教育与多维度实践创新"，加强学生实践创新能力的训练与培养，根据学生个性来促使其得到充分而全面的发展。

本书作为张明波博士主持的湖北民族大学教学研究重点项目《社会学专业实践教学模式研究》（2013JYZ23）和谭贤楚教授主持的国家自然科学基金项目《武陵山农村贫困的影响因素、形成机理与治理研究——以恩施州为例》（71463014）的成果，着眼于湖北民族大学社会学专业的建设状况，对地方院校专业建设中的"综合变革、实践创新与人才培养的关系"进行了较深入的思考，以期窥一斑而知全豹，从综合变革、实践创新与人才培养三个层面来着重回答了以下四个问题。第一，高等教育是一项复杂的社会系统工程，要有效推进高等教育的有效改革，教育理念的更新与定位是其关键，既要进行全方位的综合协同变革，又要视"未来社会的需要与特征"更新其发展思路并变革其体制；第二，地方院校专业建设的基本状况、发展思路及人才培育模式选择；第三，地方院校人才培养的状况及其影响因素，"教学科研"互动的思考与实践；第四，专业建设与社会经济发展状况的关系等。由此，本书着眼于湖北民族大学社会学专业建设，从整体上展示了地方院校专业建设的基本概况，认为"秉承'能力主导'现代教育理念，以育人为主导，以学为中心，积极更新教育观念，优化其模式，是一切教育改革成功的关键"。本书指出"综合变革、实践创新与人才培养之间有着内在的逻辑关联，它们之间存在着明显的正相关关系"，这对我国地方院校高素质人才培养具有积极的理论意义和实践价值。

值得注意的是，这些思考与研究或许还具有一些不足或局限性，但毕竟是作者的积极思考与判断，旨在引起教育界和学界对地方院校人才培养的理性思考与应用研究，以期为地方社会经济的健康发展输送高素质的人才。让我们携起手来共同为我国高等教育事业的健康发展而努力奋斗！

谭贤楚

2018 年 8 月 27 日于湖北恩施怡嘉苑

目录
CONTENTS

第一篇　综合变革篇

创新精神与能力培养：现代高等教育的主旋律

——对知识经济时代我国大学教育的几点思考 *

谭贤楚

　　摘　要：随着全球化的推进和知识经济的发展，大学生的创新精神及能力培养已成为人们关注的一个热点。知识经济时代的高等教育应以"创新精神与能力培养"为主旋律。师资队伍建设、有效实施创新教育、教育的"适度"超前发展等是现代高等教育适应社会发展的有效途径。

　　关键词：知识经济；队伍建设；创新精神；能力培养；"超前"发展

　　随着科技的进步和社会的发展，我们已满怀信心地走进了崭新的 21 世纪，21 世纪是我国进行社会主义建设事业的关键时期，是中华民族腾飞的世纪。在这样的背景下，我们应如何在这关键时期抓住机遇，促进我国经济和社会持续、和谐、有效地发展，增强国家综合实力，大力提升人民生活水平和公共服务质量呢？事实和经验证明：必须加快教育（特别是高等教育）发展，实施科教兴国和人才战略，大力培养具有创新精神和实践能力的"综合型、创造型、开放型"人才，这是现代高等教育的主旋律。因此，教育观念的转变与更新迫在眉睫、刻不容缓，这就要求我们的教育

---

* 本文原载于《前沿》2005 年第 12 期。

必须顺应社会主义实践并结合时代发展的要求和需要进行有效调整。那么，面对机遇和挑战，现代大学教育如何有效培养学生的创新精神和实践能力？我国的高等教育应如何应对？

一、大力加强教师队伍建设

21 世纪是一个知识创新的世纪，是一个充满机遇的知识经济的世纪。高等教育的首要目标就是培养人才（科学研究和服务社会的职能仅仅是培养人才的手段和效用），人才就是教育的"产品"。教师是知识经济的灵魂，好教师可以利用好的现代化教育设备，但再好的现代化教育设备也不能代替好的老师，这一切都说明培养创新人才的关键在教师。通过分析研究，本文认为随着经济全球化和市场经济的进一步推进，人们的思想和观念会受到一定程度的冲击，我国教师素质略有下降的趋势（我国高等教育现状和毕业生的实际就业情况），这应引起有关部门重视。同时，这也从侧面反映出我国高校教师的选拔和培养工作亟待进一步加强和深化。

首先，工欲善其事，必先利其器。要培养学生的创新精神和实践能力，教师自身文化素质和修养是关键。基于此，教师首先要苦练"内功"，掌握扎实的专业知识和相关学科的前沿知识及各种教学手段和方法，并做到"有机消化"，如备课就应包括备内容、备学生（学生实际情况和心理规律）、备方法。此外，教师还应更新自己的教育观念和知识，优化知识结构，使自己能够创造性地完成教育教学工作，以便充分发挥自己的主观能动性和创造性。这样，教师的业务能力和教学水平便会大大提高，教师的教学就会更加具有活力和实效。

其次，教师要从"教书匠"转变为"科研型"教师。作为教师，除了应具有扎实的专业知识和较宽的知识面以外，还要切实掌握教育理论和方法并拥有自己的东西。这就要求教师要积极进行科学研究（包括教育教学研究），多出成果，使自己从"经验型"向"学者型"转变，以便在教学过程中渗透自己的学术观点和现代化思想，从而使自己成为教育专家。

再次，加强教师培训的力度。高等学校各行政部门要视办学的具体情况和发展要求（包括学科建设和专业设置），有针对性地选拔培养一定数量的优秀教师和骨干教师，培养并提高他们的开拓创新能力和教学水平，使他们成为相应的学科带头人，从而提高学校的办学品味和效益（社会效益和经济效益等），以促进学校向更高层次发展。

最后，进一步深化人事制度改革。要真正提高教学质量，使学生得到有效发展，高校人事制度的有效改革也是一项重要措施。笔者以为当前应着重抓好三件事。

（1）"人才引进"要符合本校学科建设和长远发展的目标，做到人尽其才，使其真正发挥应有效用。

（2）要"科学设岗"，克服"因人设岗"的不良现象，建立并完善选拔、激励人才的机制，以吸引有真才实学的优秀人才。

（3）职称评定要体"两主"思想（教学与科研），具体思路是既要考虑其教学水平和能力，又要考虑其科研实力，克服"重学历和论文数量而轻视教学能力或重教学能力而忽视科研"的片面做法，应做到教学与科研"并重"。

值得注意的是，目前高等学校存在一些缺陷，如高职称与低职称教师教学工作量的"倒差"现象；一些教师不进行科学（包括教学）研究，这使得在教学过程中无法渗透本学科前沿知识（与教学内容密切相关）及现代新思想；本学科的科研做得较好的老师，其教学基本功一般。这些弊端严重影响了大学的教学效果和人才培养质量，学生逃课及毕业后就业难等便是明证。可见，高校的教师队伍建设势在必行。

二、有效实施创新教育

众所周知，课堂是学生获取知识的主渠道。结合教学实践，笔者以为学生创新精神的形成和实践（创新）能力的提高是在创新教育中实现的（当然，这并不意味着可以忽视实践锻炼），而课堂教学是教育的主要手段和途径；同时，创新教育要遵循学生的身心发展规律，做到因材施教，从而层层推进和提高。只有这样，才能使学生真正得到全面发展。

（一）创新教育的原则

教师在实施创新教育时要体现以下的原则：①主体性教学原则；②探索性（或者发展性）教学原则；③和谐性教学原则；④差异性教学原则；⑤创造性教学原则等。

（二）课堂教学结构的优化

教学的实质是"让学生学会学习"，学生拥有获取知识的能力比拥有知识更重要，这一点也正如古希腊著名哲学家苏格拉底所说，"教师对学生的作用就是助产士"。因此，教师要坚持"学生主体、教师主导"的两主思想，优化课堂教学结构，实施教学的"211"工程，即教师讲授20分钟左右，学生独立活动时间不少于10分钟，师生共同活动时间约为10分钟左右。同时，教师在教学过程中还要强化激励手段，加强分类、分层指导，从而激发学生积极主动地参与教学的全过程。

（三）学生良好的思维方法和品质的培养

教师要注意训练培养学生认真思考的习惯和独立思考的能力，通过讲解和示范使学生形成多种联想和概括性联想思维方式及创造性思维，从而培养学生的概括能力和灵活的思维品质。

（四）注重个性差异，搞好因材施教

在创新教育中，我们要根据学生的个性差异有针对性地落实因材施教，使不同的学生都能得到全面、和谐发展，其具体方法主要有：①充实课程内容；②发现并培养学生特殊兴趣；③设立学习兴趣小组和科研小团队等。

（五）有效开展社会实践活动

教育实践证明：青少年的创新能力与其参加社会实践活动的广度和深度是成正比例的，就我国社会的现实和教育发展的现状来看，社会实践与创新教育相结合的领域是宽广的。在社会实践中，学生能够发现新鲜的创新课题，并在"实现创新课题"的过程中亲身体验到创新的价值和意义，从而进一步激发其学习新知识、探索新知识（方法）的动机和热情。同时，学生的"新思想"被社会认可后，便会进一步思考它们的实际应用问题，这样又增强了社会实践的实效性和目的性。

可见，有效开展社会实践活动不仅能够激发学生的求知欲和科学精神，而且能够提高并巩固其实践能力和创新能力。需要说明的是，在具体实施创新教育时，要把上述做法有机结合并有针对性地实施，这样才能真正培养学生的创新精神和实践能力，以便使其在德智体美等方面等都得到全面的发展。

三、教育要"适度"超前发展

在经济全球化日益加强、知识经济日益凸现的今天，要使自己在未来的世界竞争中立于不败之地，实现中华民族的伟大复兴，笔者以为最根本的还是要靠各级初、中、高等教育的协调发展，要靠教育观念的改变与更新，要靠教育体制的合理改革与创新，要靠课程内容的更新和结构的完善，一句话，要"与世俱进"，特别是高等教育更是如此，从而实现高等教育的准确定位视市场需求（本国国情、时代背景等）进行教育结构调整并设立新的专业。因此，我国的高等教育要视社会发展和科技进步的要求和时代特点适时研究并提出新的体制和培养方案，并付诸实践来培养"适销对路"的人才，从而完成"超前教育"，即高等教育要视"未来社会的需要和特征"更新其发展思路、变革其体制，从而超前培养社会所需要的人才——"适销对路"的产品。唯有如此，创新教育才能真正落在实处，才能使学生真正把科学精神和创新能力结合起来，从而为我国经济和社会的持续、和谐、健康发展提供"匹配和谐"的人才资源。

总之，21 世纪是一个充满机遇和挑战的世纪，是"大科学、高技术"高度发展和创新的世纪，是我国实现生产力跨越式发展、大力提高人民生活水平和公共服务质量的世纪。那么，在 21 世纪，我们的高等教育应如何迎接时代的挑战并抓住良好的发展机遇来发展自己呢？我们要坚持"三个面向"的方针和社会主义的办学方向，抓住机遇，进一步更新教育观念，改革现行教育体制（包括教育结构、专业调整等），适度控制高等教育发展的规模（事实上，一个国家的高等教育规模受到其市场容量和现代化程度的制约），有效实施科教兴国战略，从而为现代化建设提供更多的创新人才，以加速我国"走新型工业化道路"全面建设"小康社会"并构建和谐社会的进程。

从"知识传授"到"能力培养"
——现代高等教育的理念及实践研究 *

谭贤楚

摘　要：在全球化日益深化的今天，大学教育应如何进行有效改革以适应社会发展已成为人们关注的一个焦点。本文认为教育理念的准确定位是有效进行教学改革的先导，并分析指出实施创新教育是教学改革的关键，进而提出了相应的对策和建议。

关键词：知识经济；教育理念；队伍建设；创新教育

随着全球化的深入和市场经济的日益完善，知识经济日益发展，这对世界各国都将产生深远的影响。我国高等教育顺应时代特征和本国国情进行了一系列改革和探索，对我国高等教育的发展和人才培养质量的提高起到了很好的推动作用。但是，在知识经济时代，大学教育应如何真正为社会培养"适销对路"的人才呢？教学实践证明：教育理念的转变是提高大学教育质量的前提和保证，新的教育理念是一切教育改革的基础和关键。通过分析研究，现代大学教育理念应从传统的"知识传授"为主导转移到以"能力培养"为主导的教学模式，这是大学教育的一场深刻变革。下面，笔者结合教学实践对此作一些有益思考，以期抛砖引玉。

---

* 本文原载于《前沿》2008 年第 2 期。

一、教育理念的更新

（一）教育理念转换的必要性

知识对一国的经济发展起着越来越关键的作用，知识经济对高等教育与社会的关系产生了深远的影响——其运作方式及社会功能都应顺应时代作有效调整，这是教育理念更新的核心动力。因此，教育理念的转换是我国高等教育应对知识经济时代的必然选择，这对我国的经济发展和社会进步甚为必须和迫切，其现实依据主要体现在如下层面。

（1）高等教育要顺应全球化、国际化的时代背景。

（2）有效完成高等教育的历史使命——培养"适销对路"的各类人才。

（3）市场经济的日益完善。

（4）我国经济发展和创建"和谐社会"的需要等。

（二）教育理念的转换与定位

加入世界贸易组织以来，我国高等教育得到了快速发展，但是其发展也受到了空前的压力和挑战，诸如"教育体制、教育结构、专业设置（包括课程）、学科建设、教育理念"等方面的不足日益显现，这影响了我国高等教育的效益和质量。因此，顺应时代特征和我国国情进行高等教育改革势在必行，而教育改革的核心就是教育理念的转换与准确定位——以"能力培养"为主导的教育模式，这是提高现代大学教学质量的前提和根本。事实上，教育理念的更新与定位是"人才培养"各个环节转型的先导，一切有效的教育教学改革都是在正确的教育理念指导下进行的。例如：教育体制及其结构应与市场经济和国际接轨；专业设置应与社会需求（主要是潜在的）相适应；培养创新人才就应"淡化专业观念（鼓励学生视自己的特长和兴趣跨学科选修），在重视'知识传授'的同时，更加注重发现（提出）、分析、解决问题等创新能力的训练与培养"，等等。可见，我们要顺应时代特征和国情有效做好教育理念的转换与定位——"能力培养"为主导的教育模式，这是高等教育改革的逻辑主线和发展的生命线。

二、思考与建议

现代高等教育理念的有效定位一旦被人们所接受和认识，接下来的问题就是怎样具体操作才能使"新理念"在教育实践中得以实施，从而真正为社会培养所需人才。通过分析研究，目前应着力做好以下几件事情。

（一）大力加强教师队伍建设

要培养学生的创新精神和实践能力，教师自身的文化素质和修养是关键。基于此，只有教师的"内功"深厚，知识结构合理，才能使自己创造性地完成教育教学工作，真正成为学生发展的有效引导者。教师的"内功"即包括扎实的专业知识、相关学科的前沿知识和各种教学手段和方法。教师须将这些要素"有机消化"，如备课就应包括备内容、备学生（学生实际情况和心理规律）和备方法。但是，目前高校中出现的一些学生逃课和就业困难等现象反映出教师队伍质量仍须提高。可见，高校教师的选拔和培养工作亟待进一步加强。那么，基于新的教育理念，应如何进行教师队伍建设呢？经过研究，笔者以为主要可从以下几个方面入手：①加强教师培训和考核的力度；②进一步深化人事制度改革；③使教师从"经验型"向"学者型"转变即积极进行科学研究，包括教育教学研究，以便在教学过程中渗透自己的学术观点和现代新思想，等等。唯其如此，才能真正提高高等教育的质量。

（二）转变教学思想，构建新的教育目标

新的教育理念要求有新的教学思想与之相适应，这要求教师在教学时要构建有利于学生"创新精神与能力培养"的教育目标，这是完成教学的首要任务和指针。高等学校培养的人才，不应只是"技术工人"和"学问家"，而是具有创新精神和实践能力的"综合型、复合型、创造型"人才，能适应和应对"变幻复杂的社会发展和变迁"。这就要求教师在教学中要突破传统的"知识传授"为主导的教学模式，转向以"能力培养"为主导的教学模式，从而有针对性地在思维、态度、观念、能力等方面对学生加以引导。例如，有人认为对社会学专业的学生来说，只有应用性分支学科（社会调查方法、应用社会学等）才是最重要的，而忽视了其基础课程（社会学概论、逻辑学、科技概论等）的作用。殊不知，若不掌握其基本理论，在实际分析、解决社会问题时，就难以创新并形成特色，会出现"千人一面"的现象。其实，专业基础知识是最能体现思路与方法的，这是训练学生"创新能力"的前提。因此，新的教育目标要体现"基础和能力"的统一。

（三）有效实施创新教育

结合经验和教学实践，学生创新精神的形成和实践能力的提高是在创新教育中实现的，创新教育的实施还要注意学生的身心发展规律和个性，做到"因材施教"，从而层层推进和提高，促使学生得到较全面的发展。

1. 重组与更新：合理调整教学结构和内容

教学结构和内容的有效调整是人才培养转型之关键，教学内容是由人才培养模式决定的。因此，在重组和更新教学内容时要超越"注重答案的

内容"而关注创新思维和能力训练等教学过程的优化，教师在具体组织教学时，既要注重基础知识的传授，又要培养学生的创新精神和能力。这就要求教师不仅要深刻理解、消化教材内容，而且要从宏观层面把握和驾驭它。下面以《社会学概论新修》（郑杭生主编，人大出版社，2004 年第 3 版）为例进一步分析说明。

首先，要有效把握课程结构和内容，避免重复教学。《社会学概论新修》与《社会学理论》《社会思想史》《社会工作概论》《社会调查研究方法》等课程有着密切的联系，这些课程相互渗透和关联，若要做到既能避免与由于授课时间差异导致的这些课程中的某些内容重复，又能为后续课程留下"空间"，同时突出本学科特有内容，教师应视本专业的课程结构来优化教学内容。如在上《社会学概论新修》时，我们没有严格按照教材的章节顺序讲授，而是在以下几方面做了调整。

（1）把附录"社会学史与社会运行"融入第一章绪论中，以体现我国社会学发展的历程。

（2）先讲"社会角色""社会群体""社会组织"，再讲"社会互动"，同时在"社会控制"这一章中"先讲越轨行为，再讲社会控制"，以适应学生的认知规律。

（3）不讲"社会政策""社会保障与社会工作""社会学研究方法"等章节。后期设置专门课程进行学习，以"优化教学内容、避免重复教学"。

其次，注重教学内容的更新。在具体教学时，要用现代化思想来梳理教材，从而超越教材内容，恰当并适时地增添新的知识和信息，渗透自己的学术观点和见解，以拓展学生的知识视野并激发其学习兴趣和探索精神。如在讲"社会设置"这一章时，不仅分析了其基本理论，而且还补充了社会设置功能的"元功能、构功能"与社会效率的关系及创新的具体内涵等；在讲"社区"这一章时，对"社区"概念进行了修正，包括人群、空间、社会互动和规范，使它具有普遍意义；在讲"社会控制"这一章时，补充了系统论和控制论的相应内容；在讲"社会指标"这一章时，补充了"恩格尔系数、基尼系数及社会预测的原理和类型"等内容。

最后，强化基本理论，夯实基础知识。在《社会学概论新修》的教学中，对社会化（包括角色）、社会互动、社会分层与流动、社会组织及社会设置等内容应"精讲细讲"，让学生领会并理解其基本理论，使学生对这些内容能够从总体上去认识并从整体去把握，进而不断深化教学内容，不断把所学知识运用于实践。

2. 良性互动：教学方法的改革与协同

在创新教育中，教师要协同采取多种教学方式并适时变更，让学生积极主动参与教学的全过程，以激发学生学习的积极性、主动性，真正实现教学的"良性互动"。首先，教师要根据教学内容和学生实际结合"讲授法"，灵活运用"启发式、探索式、发现式、归纳总结式"等创造性教学方法，以训练学生的创新思维和能力；其次，要实现教学的互动，这主要有"师生互动、生生互动、群体互动"三个层面，如师生互动"不仅体现在课堂讲授过程中，而且体现在学习方法的指导、考试方式改革（考试、写论文和调查报告、口试等）、科研小团队的成立等方面"，这不仅巩固了学生所学知识，锻炼了学生分析、解决社会实际问题及科研论文写作的能力，而且对学生将来的学习和工作也很有帮助。例如，在《社会学概论新修》的教学中，我们不仅优化课堂教学，采取加强课堂提问、课堂讨论、合理选用教学方法、引导学生学会研究性学习等方式，而且改进考核方式，将考试、写论文、写调查报告和读书报告、口试及平时作业等方式有机地结合起来，如利用所学知识分析"民工潮"等社会现象，分析"新春"等节日折射出的社会变迁，训练进行读书报告和科研小论文的写作等，从而使学生的创新思维和能力受到了较好锻炼。

三、结束语

"百年大计，教育为本""教育大计，以人为本"，高等教育是使大学生得到有效社会化并获取适应社会能力的重要场所，这对其未来的工作和事业将产生决定性的作用。在我国高等教育中，我们要完成从"知识传授"向"创新精神与能力培养"为主导的教学模式的转变，充分体现"以人为本"的思想，使"学生为主体，教师为主导"的两主思想在教学中得以贯彻，从而真正实施创新教育。其核心是合理组织教材内容，即体现其科学性、统一性、整体性，突出其中心课题和基本理论，注重其时代特征和应用性。优化教学过程，即采用"启发式、探索式、发现式、归纳总结式"等创造性教学方法为基础的两主思想，以此推动以创新精神和实践能力为核心的大学教育教学改革。贯彻"拥有获取知识的能力比拥有知识更重要"的人才培养思想，进而为我国和谐社会的有效构建培养"匹配协同"的各类所需人才，这必将对维持我国经济持续、健康、稳定发展并促进社会进步有着深远的意义。

参考文献

蒋洪元.试述高校素质教育中创新人才的培养[J].江苏高教，2001（5）：50-52.

孙渭清，等 . 试析现代大学的区域影响力 [J]. 技术与创新管理，2005，26（2）：3.

胡建华 . 知识经济时代的大学三职能 [J]. 南京理工大学学报，2001，14（2）：77–80.

周谷平 . 创新：建设一流大学的灵魂 [J]. 高等教育研究，2002（1）：60–63.

郑杭生 . 社会学概论新修 [M]. 北京：中国人民大学出版社，2004.

MOOC 理念下社会学专业教学改革的思考与探索 *

李萌萌

摘　要：MOOC 作为一种以学习者为中心的在线教学模式，在教育全球化、信息多元化背景下成为教育教学模式的一种创新，也越来越多地运用在高校教育中。本文探讨了在 MOOC 理念下的社会学专业如何从教学设计、教学方式和效果评价等方面进行教学改革，并探讨了可能存在的一些问题及解决措施。

关键词：MOOC；社会学；教学改革

自美国发起的 MOOC（Massive Open Online Courses）于 2012 年开始席卷全球，至今势头仍不减。MOOC 在中国音译为"慕课"，因其自身具有作为教育全球化、信息多元化背景下教育教学模式的一种创新性，MOOC 及其运用正在高校教育中迅速崛起。

一、MOOC 及其相关研究回顾

自 2011 年起，MOOC 开始掀起一起大规模在线课程的风暴，2012 年被认为是"慕课元年"，到 2013 年我国高校开始建立起多个课程共享联盟，至此，MOOC 已经开始影响并进入正规的高校教育体系中了。MOOC 是一种以学习者为中心的在线教学模式，这种模式中既有课程内容的学习，又有课程学习的时间安排和课后作业，以帮助检验学习的效果。

目前关于 MOOC 的相关研究主要集中在两个方面。一方面是从学术理论层面讨论 MOOC 的起源与特点、MOOC 对传统教学理念和教师的挑战、MOOC 所需的技术支持等。在教育教学理念中，MOOC 促进了传统教学模式中的"以教师为中心"向"以学生为中心"的新的教学模式的改变，与传统高校教育相比，MOOC 能让学生成为学习的主体，自觉主动地学习新的知识，不再只是被动的知识接收者。MOOC 也能结合各种媒体资源，采取生动、灵活、有效的授课形式，提升教学效果，同时也可以充分调动学生的主观能动性，激发学生的创造潜能。另一方面也有部分学者研究 MOOC 在高校课程改革中的运用。田莉在《慕课背景下高校马克思主义大众化载体建设的机遇、挑战和对策》的研究中就提到，MOOC 作为一种教育载体在引入课堂时，既带来了新的机遇，也存在着学生课程完成率低、课程内容西方化倾向严重的问题；戴丽在《基于 MOOC 理念的地理学专业英语课程教学研究与实践》中提到，将 MOOC 理念运用于教学实践中，在课程教学设计中围绕课程讲授安排、MOOC 学习、学生课堂总结 MOOC 学习成果的方式，学生的课堂讨论和交流的积极性得到明显提高，学习的主动性和效果有了很大的提高。

从学者们的研究论述中，可以发现 MOOC 在发展过程中能引起这么多关注和讨论，而且其理念也被学者们运用到高校课程改革中，由此可见，MOOC 确实能为我们高校课程改革提供相应的经验。本文拟在学者们已有研究的基础上，结合 MOOC 分析在社会学专业改革中引入 MOOC 的可行性。

二、MOOC背景下社会学专业改革的思考

社会学作为一门研究人与社会的学科，其研究对象和研究领域的广泛性需要我们在学习这门课程的时候，既要注重理论的学习和思考，又要注重实践训练。基于 MOOC 的教学形式，可以从课程的教学设计、课程的教学方式和学习效果的评价这三个方面来思考社会学专业的教学改革问题。

（一）课程的教学设计

以社会学专业的基础性课程《社会学概论》为例，这门课程是专业的入门基础性课程，课程知识包含面较广，涉及的内容既有宏观又有微观，对于刚刚接触这门专业课程的学生来讲，有些理论知识很难通过老师课堂上的讲解完全理解，而这门课程中的一些基础性知识和概念，如"社会群体""社会网络""组织"等却又与现实的社会生活息息相关。针对这样的课程内容，我们完全可以利用 MOOC 的教学理念，采用学生课前利用网络视频自主学习并完成练习题的方式，把课堂上的时间用于师生共同讨论课前学习中遇到的一些问题。针对这样的教学过程，传统的教学设计就需要做出较大的改变。在将 MOOC 的教学理念纳入《社会学概论》的教学中时，教学设计就要从两个方面思考。一方面是课前自主学习部分，主要是考虑与课程相关的视频收集和制作，并且与视频相关的练习题的准备。从社会学概论的内容体系上来看，并非所有的章节内容都适合采用视频的方式学习，针对不太适合视频学习的内容，可以在课堂讨论之后适时引入相关内容的课程讲解。课前的视频可以是从网络上收集的课程的相关内容，

也可以邀请本校或校外社会学团队的老师集体录制相关的内容；课后的习题是在课程视频的基础上对这个问题进一步地思考。另一方面是课堂讨论深化及讲解部分，在这个部分中的教学设计主要考虑两个问题，一是思考如何引导学生进行讨论；二是思考对视频中知识点如何进行深化，并且如何引入其他内容的讲解部分。MOOC 背景下的教学设计就要综合考虑到学生自主学习的内容和教师引导、讲解的内容。

（二）课程的教学方式

MOOC 的学习方式比较灵活，只需要有网络，便可以随时随地观看视频进行学习，学生可以摆脱场所、时间的限制，可以依据自己的实际情况进行自助式学习。这样一种学习方式可以让学生充分发挥自觉主动性，处于学习的主动位置。MOOC 的授课形式也不再是传统的 45 分钟一堂课，课程视频是以知识点为单位，将每一个知识点制作成 6~15 分钟的"微课程"，更加符合大脑认知规律。在《社会学概论》的学习中，学生学习的内容将不再是教材中的以章节顺序出现的内容，而是将具体概念分解为多个小的知识点，以专题的方式呈现，例如"社会网络"这个概念，就可以将其分解为具体的"社会网络基础""社交网络""小世界研究""强关系与弱关系"等知识点。每一个具体的小知识点均以"微课"的形式用 6~15 分钟的时间讲解，然后再做课后练习题，检查自学情况。在课前自学阶段采用这种知识点方式进行学习，有助于学生掌握具体的知识点；而后在课堂教学过程中，围绕学生学习过的知识点进行讨论，更是有助于学生对知识点的深入掌握，在具体知识点学习讨论完成后，教师再围绕这个专题进行知识点的综合梳理总结，让学生从整体上把握这个概念及概念的运用。

在 MOOC 理念下的这种课程教学方式，其实就是以"学生为主，教师为辅"的方式进行学习，在这个过程中既有学生的主动学习、课堂的思考讨论，又有教师的引导思考、总结归纳，同时也运用了现代科学技术，采用多元化的教学方式，增加了课程内容的吸引力，同时也提高了学生的学习参与性。

（三）课程的学习效果评价

教学改革的最终目的仍然是要靠教学效果来评估的，而学者们对 MOOC 的研究发现，在已经实行的 MOOC 教学中，效果并没有预期的那样好，MOOC 的完成率较低，学生容易中途放弃课程学习。正是基于 MOOC 的这些问题，我们才思考将 MOOC 与传统的教学方式结合起来，希望能取得更好的学习效果。关于 MOOC 的学习效果的评价，可以从以下三个方面去考虑。

首先，课前视频学习和课后练习题。提前一周将学习内容的视频发放给学生，让学生自主选择学习时间进行学习，学习情况可以利用相应的技术进行监控，了解学生学习的时段、学习的时长等信息。对于未完成的学生给予相应的提示。课后练习题是检验学生视频学习效果的，可以分为选择题和问答题两部分。选择题做完后可以直接提交答案，核对答案并得到相应的解释。问答题则采用手写方式答完后在上课前统一交给任课老师批改评价。

其次，课程讨论部分。这个部分主要是学生在学习过程中遇到的问题和没有理解的问题带到课堂上进行讨论。为检验学习的效果，可以在每次课堂讨论过程中，随机抽取一到两名同学设定与课程内容相关的话题来主持集中讨论，之后在针对其他同学提出的具体问题进行讨论，根据讨论的参与程度给予评价。

再次，课时安排。课程的视频学习都是学生自己在课前利用空余时间进行的，因此为了保证学习时间和学生学习的主动性，相应的课堂课时应减少一部分，留给学生进行课前学习。例如将《社会学概论》的 64 个课时，可以分为 54 个课内课时和 10 个课外课时，这些课外课时就是学生视频学习的时间。

最后，考核方式。改变传统的以考试为主的方式，在考核评价中纳入学生课程视频学习、课堂参与率和课后习题完成情况，采用多元化的方式进行评价。

三、面临的挑战性问题的思考

在将 MOOC 理念引入《社会学概论》的课程改革和学习中，在除去具体的技术性问题后，还有以下问题需要思考和解决。

（一）课程视频的选择和录制

在《社会学概论》课程的学习中，视频有着非常重要的位置。如何寻找合适的视频会直接影响到学生对课程内容的学习效果。从笔者的教学经历来看，网上相关的课程视频较少，即使有也多是按照传统的讲课方式录制的精品课程，而这种课程视频很难满足学生的学习要求，所以很大一部分内容都是需要教师依据教学内容重新制作。视频的录制只靠任课教师往往很难做好，这就需要本专业的老师结成团队或者和校外的专业老师结成团队，共同完成一门课程的准备和录制工作。

（二）课程讨论的内容

课程讨论部分是强化学生自学后的知识内容，并进行知识的思考、迁移和运用的过程，也是整个学习过程中非常重要的一环。在这个部分除了学生组织的集中讨论和分别提问的方式之外，任教教师的引导讨论也是非常重要的。在这个过程中，任教教师要把握好学生讨论的问题，同时也要注意引导学生对于问题的深入思考和理解运用，在这个部分就要求教师有充分的准备和组织能力。

（三）学生的自觉学习和自我管控

在这种改革思路下的学习分为两个部分。一部分是课前视频学习，另一部分是课堂讨论学习。课前视频学习是在一个相对比较宽松的环境下进行的，学生自主选择学习时间和地点，而要保证这种条件下的学习效果，学生必须都是主动学习者。但在实际学习过程中，一部分学生学习一门课程的主要目的在于获得学分，而不在于知识的学习和获得，因此这部分学生的学习的效果和主动性就很难保证。对于这个问题，一方面是要全面思考考核方式，思考在考核方式中如何激励学生自觉主动地加入学习过程中去；另一方面，要提高课程的吸引力，和现实生活密切结合。既然学习《社会学概论》，就可以将现实生活中相应的案例引入课程中，让学生对社会学有更直观的认识，也让学生对自己身处的社会有更好的了解，真正达到米尔斯所说的"将个人困扰和公众问题联合起来"。

四、结束语

MOOC 的发展对传统的教育，尤其是传统的大学教学方式有很强的冲击作用，同时也为大学教学的改革提供了契机。教育者可以在 MOOC 理念的基础上，结合本专业的课程性质，思考课程教学的改革，促进教学效果的提升。

参考文献

朱现平，等. 国内外慕课发展及武汉市属高校慕课建设研究 [J]. 江汉学术，2015（6）.

邰杨芳，等. 基于ＭＯＯＣ构建高校课程教学新模式 [J]. 中华医学图书情报杂志，2014（7）.

张男星. "慕课"（ＭＯＯＣｓ）带给中国大学的挑战与机遇——访上海交通大学校长张杰 [J]. 大学，2014（1）：9.

田莉. "慕课"背景下高校马克思主义大众化载体建设的机遇、挑战和对策 [J]. 传承，2015（3）.

戴丽. 基于ＭＯＯＣ理念的地理学专业英语课程教学研究与实践 [J]. 人才，2015（1）.

徐明，龙军. 基于ＭＯＯＣ理念的网络信息安全系列课程教学改革 [J]. 高等教育研究学报，2013（3）.

冯珊珊. 从大学英语教学角度看慕课 [J]. 学术问题研究（综合版），2015（1）.

社会学专业学生研究性学习机制的思考
——基于湖北民族学院社会学专业实践的总结 *

张明波   刘伦文

摘 要：本文通过总结湖北民族学院社会学专业实践教学经验，指出提高社会学专业学生研究性学习能力是社会学专业的本质要求，进而从社会学专业学生问题意识培养、实践教学环节设置、综合素质拓展等角度就研究性学习机制构建进行了阐述，并就实施研究性学习机制取得的成绩进行了总结。

关键词：社会学；研究性学习；实践教学；育人载体

一、研究性学习的内涵

近年来，研究性学习的价值和意义引起了广泛的关注，很多学校和教师都在积极探讨研究性学习的机制、途径和方法。但是什么是研究性学习，目前还没有达成一致的意见。笔者认为，研究性学习可以从多个层面来理解。首先，从学习的方式来看，研究性学习更尊重学生的主体性，注意学生积极性和创造性的发挥，鼓励学生进行探究性学习。其次，

---

* 本文原载于《创新与创业教育》2011 年第 4 期。

本书中出现的湖北民族学院已于 2018 年更名为湖北民族大学，因书中文章撰写于更名前，为清晰表述，本书正文中仍沿用湖北民族学院。

从价值导向上来看，研究性学习更注重学习的生成性和过程性，注重培养学生的问题意识和合作精神。最后，与传统教育方式不同，研究性学习不强调学生接受一个标准答案，而更注重学生的教育体验，注重实践育人功能的发挥。研究性学习旨在转变学习方式，有助于培养学生的创新精神和实践能力。

研究性学习从理念上来说蕴含着对传统教育的反思，是扎实推进素质教育的保证。"研究性学习是提高学生素质的必然要求，积极寻求研究性学习的路径是拓展学生素质的重要途径，是素质教育的内在要求。"研究性学习注重学生兴趣的培养，鼓励学生去思考问题，开动脑筋，学会策划活动、学会合作、学会动手，注重过程的体验，注重创造精神的培养，注重实践育人功能的发挥。

二、社会学与研究性学习的关系

社会学是现代性的产物，它在变动的工业社会中产生，社会学从诞生起便积极关注社会秩序和社会变迁。社会学创始人孔德把社会学分为社会静力学和社会动力学，前者关注社会秩序，后者则关注社会变迁；英国的社会学奠基人斯宾塞将社会与生物有机体进行类比，提出了社会有机体的思想；实证社会学的代表涂尔干则十分关注"社会失范"问题，他从另一个角度思考社会整合问题，对社会秩序的思考在其所著的《社会分工论》中有清晰的阐述。列举这些，旨在说明社会学从一诞生便有着明确的问题意识，社会学以社会为研究对象，需要社会学专业的学生具有研究性学习的能力，其实在某种意义上相当于社会学家米尔斯所说的社会学的想象力。那么，什么是社会学的想象力呢？米尔斯在《社会学的想象力》中明确提出："（它）是一种心智品质，这种品质可以帮助人们利用信息增进理性，从而使人们能看清世事，以及或许就发生在他们之间事情的全貌。"社会学的想象力其实便是一种研究性学习能力，面对相同的社会现实，具有研究性能力的人能够敏感地感受到社会结构、个人与他人、个人与历史的关系的变化，不具备的人则对其熟视无睹。

要掌握社会学的想象力并不容易。因为社会学的研究对象——社会是复杂的，"看清世事"并不容易，这或许也是很多社会学专业学生感到困惑的原因。社会学作为一门实证性比较强的专业，对学生实践能力要求很高。费孝通先生在《社会调查的自白——怎样做社会研究》中提到："社会学不能只在书本里面找资料，那是第二手资料，而是要同自然科学一样，直接观察直接的研究对象。"这提醒我们，学习社会学不能从理论到理论，而应该面向社会，面向实际，面向人，注重调查研究。他其实也是在提倡社会学学习者要有一种研究的精神，要有不断探究的品质，这与笔者讲的社会学研究性学习其实是一回事。费孝通先生认为："中国的社会学应该是一门服务于人民社会生活的学问，是做人、治学、救国融为一体的学问。但是社会学要能够为国家、社会主义的发展做出贡献，就要从整体出发对社会进行符合中国实际的研究，这就要'植根于中国的土壤中'"。由此可以看出，费孝通先生非常重视向实践学习，他觉得实地调查是社会学从社会中汲取养料来发展自己的唯一道路。他在多次讲话中都明确指出："中国的人类学与社会学都应该是'从实求知'和'学以致用'的。"可见，社会学是门实践性很强的专业，它不仅需要学习者能够熟练地掌握社会学诞生以来的各种流派、范式、理论、视角，更要求学生能够掌握社会调查的技能，培养"从实求知"和"学以致用"的品格，这需要学生培养研究性学习的能力，培养社会学的想象力，把握社会发展的脉搏，在思考中增进理性，在实践中提高学问。

三、社会学专业学生研究性学习机制的思考

（一）研究性学习机制的核心是培养学生的问题意识

笔者在教学中发现很多学生缺乏问题意识，不仅表现在对社会学理论的淡漠上，而且表现在对迅速变迁的社会熟视无睹，对周围的人和事缺乏观察和思考。所以，要想形成研究性学习机制，很重要的一个环节便是要从多个角度多个层面去培养学生的问题意识。正如国内著名社会学家风笑天指出："对于社会研究者来说，选择一个合适的研究问题并非是一件十分简单的事情。从程序上看，选择研究问题是一项社会研究的起点，是整个研究工作的第一步。研究问题一旦确定，整个研究活动的目标和方向也就随之确定。"为此，笔者从各个环节抓学生问题意识的培养，在教学中鼓励学生多发言，选择一定的章节让学生自己讲，然后由其他学生和老师进行评价；选择一些专题让学生查阅资料后讨论，并在此基础上引导学生撰写课程小论文；举办读书兴趣小组，如设置社会学理论小组、社会问题小组；举办大学生论坛，就社会热点问题引导学生从社会学视角去分析；成功举办大学生讲坛，引导学生在充分准备的基础上就社会发展等问题进行讲解，目前该活动已经举办 70 余期，目前成为湖北民族学院一个品牌活动，引起多个媒体的关注，既锻炼了学生，也产生了良好的社会反响。

（二）修订人才培养方案，灵活设置课程，完善实践教学环节

在实践中，笔者根据专业的特点和学生的需求，在保证专业基础课程

和专业课的基础上还设置了一些专业方向，供学生去选择，这样可以保证学生学习的浓厚兴趣；如我们将《2009 版社会学人才培养方案》分为："应用社会学"和"民族社会学"两个方向，既体现了广大学生对应用社会学兴趣较浓的现实，又将学院重点学科的优势很好地发挥出来。同时，学院社会学专业明确规定学生必须积极进行社会调查，规定了相应的学分，达不到要求将不能毕业。学院每年都花大量的人力、物力、财力组织学生进行社会调查，在此基础上撰写调查报告，组织老师认真评阅，奖励优秀，不合格的限期修改完善，这一措施极大地培养了社会学专业学生关注社会变迁，研究社会问题的意识，学院社会学专业学生先后有 4 人在湖北省"挑战杯"竞赛中获奖。同时，学院社会学专业学生的社会调查的优势得到了恩施州多个部门的肯定。近年来恩施州统计局、恩施市民政局、恩施州团委等多个组织邀请学院社会学专业学生参与全州人口普查、社情民意电话访问、社区建设等工作，便是对该专业学生社会实践能力的肯定。

（三）积极构建实践实训载体，实现从"知识传授"到"能力培养"的转变

学院高度重视人才培养，笔者认为学校各个环节都应该紧密围绕"学生成人成才"这个目标进行，学校的各部门都应该积极思考新时期育人机制、载体和途径。为此，学院教学工作和学生工作一直以来都是紧密合作的，除了一些必须的分工外，其余均由教学科和学生科通力协作完成。几年来的实践促使我们不断思考怎么样更好地培养社会学专业学生的能力问题。我们发现社会学专业学生更要注重研究性学习能力的培养，因为社会日新月异，社会学以社会为研究对象，如果我们不能与时俱进，固守传统的教学方法，那么培养的学生很难适应急剧变迁的社会。学院领导指出：现代高等教育理念应从传统的'知识传授'为主导转移到以'能力培养'为主导的教学模式，这是大学教育的一场深刻变革。我们紧紧围绕能力培养去思考如何提高社会学专业学生的研究性能力，做出了一些探讨。

首先，实施科研训练计划，引导学生参与教师课题研究，积极申报大学生创新项目，提高学生的研究水平。学院动员学生积极参加"挑战杯"竞赛，申报学校的大学生创新项目，近4年来，社会学专业学生成功申报各类课题30余项，近百人通过课题训练受益。而且学院每年还拿出一笔经费资助没有得到校级以上课题的部分学生从事课题研究，通过努力，学院学生特别是社会学专业学生培养了浓厚的科研兴趣，先后有8名学生获得省级奖励。

其次，构建学生社会实践基地，将校内课外活动和校外实训良好地结合起来。首先，我们积极构建校内实践平台，几年来，我们引导社会学专业学生成立大学生"瞭望社""社会工作者协会"，创办《瞭望学刊》《政法学刊》，率先成功申报学校的大学生社会调查基地；举办"大学生讲坛""瞭望论坛"等活动，极大地调动了学生研究社会问题的兴趣，培养了社会学专业学生研究性学习能力；其次，积极构建校外实践基地，引导学生关注社会，了解社会，提高社会调查技巧和社会服务能力。为了搭建学生与社会沟通平台，促进社会实践能力的提高，我们结合学院学科和专业的优势，与恩施舞阳办事处桂花园社区、管坡社区、吉心村等组织联合创建了大学生社会实践基地。

最后，制定科学的学生评价体系，实施素质拓展计划，借研究性学习机制推进学生工作创新，努力提高学生的核心竞争力。社会学既有很强的理论特征，又有浓郁的社会实践风格。笔者认为社会学专业学生必须具有研究性学习能力，这体现在该专业的学生应该有着敏锐的政治意识，牢固树立"缩减社会代价，促进社会进步"的理念，不断探究"社会良性运行的条件和机制"，促进和谐社会建设。我们引导社会学专业学生积极关注社会发展、社会变迁，通过举办周末读书会、论文大赛、学生论坛、社会调查、志愿者服务、社区实习、义务支教等多种形式的活动，引领学生积极关注社会，提高学生的综合素质。学院专门制定了学生评价体系，每年对学生的综合素质，特别对每个学生当年参与社会实践的情况及其社会实践能力进行评价。在我们的努力下，社会学专业学生体现出较强的研究性能力，他们思维敏捷，分析问题深入，学院连续 4 年夺得学校辩论赛冠军便是一个很好的例证。社会学专业学生还体现出了很强的社会竞争力，他们在考研、考公务员、选调生、村干部等发展方式上体现出了很强的实力，很多毕业生工作后职业发展良好，经过与他们访谈，笔者发现这与我们推进的研究性学习机制有很大的关系。

参考文献

张明波 . 社会学专业学生研究性学习机制的构建 [J]. 长沙民政职业技术学院学报，2010（4）：92-94.

米尔斯 . 社会学的想象力 [M]. 北京：生活·读书·新知 三联书店，2001.

费孝通 . 社会调查自白——怎样做社会研究 [M]. 上海：上海人民出版社，2009.

李友梅 . 费孝通与 20 世纪中国社会变迁 [M]. 上海：上海大学出版社，2006.

风笑天 . 社会学研究方法 [M].3 版 . 北京：中国人民大学出版社，2009.

谭贤楚 . 从"知识传授"到"能力培养"[J]. 前沿，2008（2）：58-60.

民族院校大学生职业生涯规划设计的思考与探讨 *

李萌萌

摘 要：大学生职业生涯规划是在全面认识自己和社会的基础上，结合实际情况制定的职业发展目标。在地区民族院校中，职业生涯规划除了具有普通院校常见的问题，还存在着其他一些特殊的问题，这些问题还需要学生、学校和社会共同努力，建立良好环境，共同努力完成职业生涯规划的设计。

关键词：大学生；生涯规划；地区民族院校

随着高等教育大众化和高校毕业生人数的逐年增多，大学生的就业问题日益凸显，也引起越来越多的关注和讨论。如何指导大学生就业，提高人才质量，适应市场和社会需求成为学校、社会、家庭和个人共同关注的问题。在对如何提高大学生就业问题的研究中，学者们认为做好大学生职业生涯规划教育是必不可少的一环。

一、大学生生涯规划的相关研究

生涯规划简单来讲就是个人对于自己未来职业发展的安排和规划，大学生职业生涯规划是大学生在校期间，在全面客观地认识自己和社会的基

---

* 本文原载于《市场周刊》2016 年第 2 期。

础上，通过分析当前形式并结合自己的知识特长，为自己设定职业发展目标，并制定相应的教育、培训、工作开发计划，采取积极行动去达成这一目标和计划的过程。但对于大学生而言，他们的身心素质和所处的环境都还没有与社会发生直接联系，对自己和社会的了解并不全面，因此作为职业生涯规划的主体，还需要学校、教师和家庭等多方面提供指导和建议。

结合学校和学生个体而言，在大学生职业生涯规划中，还存在着一些问题。就高校而言，大学生职业生涯规划更多地体现在就业指导方面。首先，就业指导服务体系欠合理，指导投入不足。目前大部分高校的就业指导中心主要负责全校毕业生的就业管理、指导和服务工作，就业指导工作带有较明显的行政色彩，在给予指导的过程中，与社会实际和学生需求相差较远，指导效果较差。另外，因受到各种因素的限制，就业指导在人员、设备、场地及投入等方面存在着不足，不能很好地满足学生的就业指导需求。其次，就业指导时间滞后且集中，就业指导内容单一。学生进入高校后，并没有意识到职业生涯发展和就业指导的重要性，很多学生在面临毕业的时候才开始考虑认识自我，了解职业，考虑就业问题。而学校提供的就业指导基本上集中在信息发布、政策宣传、技巧培训等一般的服务工作，内容单一，功利性较强，缺乏相应的理论支撑。

从学生方面来看，学生作为职业生涯规划的主体，也存在着一些问题。第一，主体意识、责任意识缺乏。职业生涯规划本应该以学生为主，学校、家庭给予一定的支持为辅。但目前一些大学生缺乏主体意识，不独立、不自主、不主动，盲目跟从别人，不能很好地完成自我完善和培养的过程。甚至有个别大学生对社会、人生、家庭的理解比较浅薄，很多事情只考虑到自我的利益和眼前的利益。对自己、对社会并未有责任意识。第二，职业意识缺乏。大部分大学生对自己的人生规划和职业规划比较盲目，对职业缺乏认识，在进行规划设计时更是毫无头绪，因而错失较多机会。

在大学生职业生涯规划中，学校和学生都起着重要作用，高校大都存在着上述的一些通病，但不同地区的学校也还存在着一些不同的问题。下面就结合笔者所在的地区民族院校的具体情况来分析和探讨一下大学生的职业生涯规划问题。

二、民族院校大学生职业生涯规划存在的问题

民族院校是党和国家为解决我国国内民族问题而建立的综合性普通高等院校，其办学宗旨、教育对象、办学层次、课程体系等方面均有自己的特色。地区民族院校既具有上述特征，同时也具有地方特色。结合湖北民族学院的实际情况来看，学生在进行职业生涯规划时还存在着一些问题，值得认真加以思考。

第一，从学生自身来看，不少学生对职业生涯规划和人生规划缺乏认识，这种情况在民族院校同样存在。作为地区民族院校，湖北民族学院的生源主要以本地生源为主，面向其他少数民族地区招生，生源主要是二、三线城市和农村学生。学生视野宽度不足，对社会的认识不够深入，比较难适应社会的变化和需求。

第二，很多学生不太清楚自己喜欢什么，能干什么，大学期间学习、生活、活动比较盲目，缺乏目标和计划。再加上学生群体同质性较高，群体生活相互影响的作用，导致整个学校学生整体上处于盲目、缺乏规划的氛围之中。

第三，学生对自己的专业认识不足，就读的专业是因家长或学校调剂

而确定，学生自身在专业选择时处于被动状态的情况较多，等到毕业时，才发现自己所学知识和社会需求之间存在较大差距，对自己的需求和职业发展、未来规划都缺乏明确清醒的认识，很容易产生焦躁和专业无用论的心理。

从学校层面来看，地区民族院校自身存在的主客观因素会影响学生职业生涯规划设计。从主观因素来看，地区民族院校同样存在着其他高校都存在的通病。以湖北民族学院为例，学校对学生的就业指导除了安排就业指导课程让学生学习外，还针对大四毕业生展开就业培训、讲座、指导等工作。其中也有学院尝试着进行学生职业生涯规划的设计，但从具体实施来看，并没有达到设计之初的效果。不管是针对学生做的就业指导，还是生涯规划的设计，很多内容和方式都是适用于集体的，对个体的关注较少。另外，在就业指导过程中更多地进行就业政策、信息、技巧等方面的指导，但是缺乏专业的生涯规划指导老师，教师和学生在对就业、生涯规划方面的重视程度不够，这也导致很多好的想法最后在实施的过程中流于形式。从客观因素来看，地域因素对地区民族院校是一个很大的限制条件，处于经济社会发展相对较慢的地区，学生的就业实践机会和就业视域受到一定的限制，接触到的社会和资源相对来说比较有限，这也是地区民族院校学生在进行职业生涯规划设计时要考虑的问题。

三、民族院校学生生涯规划设计对策及思考

作为地方民族院校，湖北民族学院学生在进行职业规划时需要考虑到学校和自身的条件。

从学生自身来讲，第一要正确认识自己，给自己明确的定位。作为生

涯规划的主体，学生才是决定生涯规划设计的决定者。而要设计比较合理有效的生涯规划，必须要了先解自己，认识自己。当今很多大学生进入大学学习都比较盲目，对于为什么读大学、怎么读大学没有一个清晰的认识。同样对自己喜欢什么，想做什么，能做什么也不清晰，处于人云亦云的状态。认识自己、给自己明确的定位本身也是一件复杂的事情，需要学生自己不断去参加各种活动，各种社会实践，通过活动、实践来发现自己的长处、劣势，自己的爱好和能力。在这个过程中，学校和老师要给予相应的指导和建议。目前来看，学校其实也给学生提供了很多锻炼的机会，但这些活动和实践在进行的过程中，更多地是注重形式，而忘记活动之初的设想。另外，在活动中，只注重开头和结尾，学生在活动的过程中收获较少，最终也使得活动越来越多，而参与人数越来越少，活动组织者不得已只能采用强制的措施要求学生参与活动，被动参与的过程使活动效果越来越差，这样的恶性循环使得学生不愿参加有机会提升自己能力的活动。另外学生参与社会实践的机会也较少，很多通过做兼职来进行社会实践，由于资源和机会的限制，社会实践对学生起到的帮助相对较少。所以在校学生仍然需要更多有效的途径来正确认识自己，明确定位。

第二，转变大学生就业理念中的偏差。很多学生由于受到知识构成和信息的限制，对目前的就业形势和就业状况的认识存在一定偏差。大学生在未就业之前，普遍存在较高期望和要求，大多数都期望工资高、社会地位高、工作环境好、有发展前途的工作，这样的要求致使学生就业的可选择面变窄，增加了就业难度。另外，还有学生在就业过程中，毫无目标，受到家长和同学影响，不能做出符合自己实际的选择。在转变就业理念中，就需要学生自觉主动地关注就业信息，分析自己的需求、条件和就业环境。

另外，老师也要积极为同学们介绍社会实际情况和相应社会政策，帮助学生认清现状，从实际出发，引导学生树立正确的求职观念。

从学校方面来讲，从整体上提高学生生涯规划的效果。对学生的就业指导并不直接停留在安排课程的学习和大四阶段的就业指导。可以通过多种形式，帮助学生了解社会实际情况，社会政策；另外提供专业的就业指导老师给予学生专业化个性化的指导。从学生的角度出发，为学生提供合理可行的职业规划建议。

第一，可结合学生在校的不同时期制定相应的规划。大一阶段是试探引导期。从高中进入大学的学生，对新的环境、新的校园有一个逐渐适应的过程。这个阶段主要任务是帮助学生尽快适应大学生活和环境，引导学生对未来职业进行思考。大二阶段是评价定向阶段。经过一年的大学生活，学生对自己、对大学有一定的了解，这个阶段主要是专业课程的学习，加强对专业的认识与对自己的理解，开始确定职业规划的方向。大三阶段是完善冲刺阶段。进入这个阶段的学生在职业发展目标方面有了相当清楚的认识，此时主要是通过各种途径不断完善职业规划，并提高自己各方面的能力，为就业做最后准备。大四阶段是分化调整期。这个阶段主要是通过实习就业不断调整自己的职业规划。

第二，学校还可以引入社会力量介入到学生就业指导中去。这里的社会力量主要包括两个方面。一是建立专业化和社会化的就业指导机构指导学生的生涯规划设计；另一方面是引入大中型企业进入校园宣讲企业文化，进行针对全校学生的企业介绍和用人需求。就业是需要个体、学校和社会共同努力去推进的，所以引入社会力量介入到就业中去，对提高学生对就业现状和就业形势的认识将有很大的益处，也能让学生的生涯规划更加合理有效。

第三，作为地区民族院校，在培养学生时，应该尽可能地减少地区劣势对学生就业的影响。在培养学生和指导学生进行职业生涯规划设计时，要面向全国，面向社会，面向市场，提供全面的指导和建议。

面对毕业生就业难和社会上用工荒同时存在的问题，如何提高大学生的就业能力，帮助学生完成职业生涯规划设计是学生个人、学校和社会要共同努力思考的一个理论和实践问题。

参考文献

连慧.大学生职业生涯规划现状分析及对策研究 [D].武汉：湖北工业大学，2011.

蒋菊.生涯发展理念下的大学生就业指导研究 [D].南京：河海大学，2006.

李慧娟.地方本科院校大学生生涯规划存在的问题及对策 [J].福建广播电视大学学报，2014（5）.

赵永春.大学生职业决策与职业生涯规划研究 [D].长春：东北师范大学，2008.

第二篇　实践创新篇

民族院校实践创新人才培养模式研究
——湖北民族学院社会学专业的实践 *

谭贤楚　张明波

摘　要：随着现代化的推进及社会的进步，大学应如何进行改革已成为人们关注的焦点。本文基于社会学的视角，结合教学实践阐述了实践创新人才培养模式的内涵，分析了民族院校实践创新人才培养模式的途径，指出改进创新人才培养模式是提高民族院校人才培养质量的关键，进而提出了相应的建设性建议。

关键词：民族院校；人才培养模式；实践创新；社会学专业；对策研究

"百年大计，教育为本""教育大计，人才为本"。基于"全球化、市场化"的宏观背景，知识经济对高等教育的影响已成为各国关注的热点——现代高等教育应如何培养社会所需的人才。实践证明实践创新人才的培养是现代高等教育的首要目标，创新精神与实践能力是当代大学教育的主旋律。可见，现代高等教育的理念应从传统的"知识传授"为主导转移到以"能力培养"为主导的教育模式，这是大学教育的一场深刻变革。因此，基于新的教育理念，民族院校就应顺应时代特征和社会背景来有效

---

* 本文原载于《前沿》2009 年第 4 期。

进行其教育教学改革，促进人才培养模式的改进与完善，这是提高民族院校教育质量的关键。下面，本文以湖北民族学院社会学本科专业的实践为个案，来讨论民族院校应如何面对当地的社会经济发展来培养实践创新人才，以期抛砖引玉。

一、"人才培养模式"的内涵

民族院校是中华人民共和国成立之后，我国为满足少数民族地区社会经济发展人才的需要以及少数民族地区人士接受高等教育的需要而建立的。经过 50 多年来的发展，民族院校不仅对少数民族地区的社会经济发展做出了巨大贡献，而且成为我国高等教育体系的重要组成部分。党的十七大报告中明确指出：教育是民族振兴的基石……优化教育结构……提高高等教育质量。这对我国民族院校提出了更高的要求，民族院校理应在少数民族地区实施新农村建设伟大战略中发挥其积极的作用，因而民族院校更要"抓住机遇，转变观念，解放思想"，进一步深化教育改革，积极探索人才培养的新模式，以便更好地服务于少数民族地区社会经济发展。现在的问题是，民族院校发展应如何定位？民族院校应如何进行人才培养？应这样去创新人才培养模式？这些都是民族院校进行教学改革时应关注的重要问题。

经分析研究，基于新的教育理念，人才培养模式的创新是提高人才培养质量的关键。要创新人才培养模式，就要明确人才培养模式的概念，对其概念的有效把握是改进并创新人才培养模式的前提。那么，究竟什么是人才培养模式呢？所谓模式就是指"某种事物具有的标准形式或人们做事时所遵循的特定样式"，也就是说模式主要就是指一种程序化规范和工具。

基于这种考虑，人才培养模式或许可以界定为"培养各级各类人才所遵循的特定规范和工具"，它在其现实形态上往往表现为"教学计划、教学内容及体系、教学方法、考核方式及教学管理方式等"构成的有机系统。可见，大学人才培养模式的基本问题是"培养什么规格的人""如何培养人"及"怎样培养这样的人"，它是高校教育观念（思想）、人才培养目标、课程设置、培养规格及培养途径等方面而构成的有机整体，涉及师资建设、学科（课程）建设及教学管理等各个环节，是一项复杂的社会系统工程。

二、实践创新人才培养模式的实践：途径与效果

基于新的高等教育理念，民族院校要通过教育改革来"增强学生的实践创新能力，提高人才培养质量"，而"改革和创新人才培养模式，探索新的人才培养体系"是其根本途径。

（一）实践创新能力的概念

创新是一个民族进步的灵魂，是一个国家兴旺发达的不竭动力。因此，在知识经济时代，民族院校要为当地社会经济发展做出更大贡献，就要顺应时代特征和基本实情来有效实施创新教育。实践证明实践创新能力不仅是当代大学生就业的敲门砖，而且更是知识经济的源泉。那么，究竟何为实践创新能力？其内涵是什么？这是必须要明确的问题。首先，让我们来看什么是实践和创新？所谓实践就是指人们在现实社会生活中所进行的各种有意识的活动，而创新则是指提出新的观点（思路）、理论及构想。这样，实践创新能力或许可以定义为"学生在教师的引导下基于自主学习而获得的适应社会发展需要的一种能独立办事的革新能力——独立的知识应用（包括迁移）能力、实践能力、创新能力"，这是由现代社会的复杂性

和竞争性所决定的。当然，这种实践创新能力是基于对学生创新人格的培育来实现的，其培养模式主要是通过对学生独立的创新意识及能力、应用及实践能力的训练和培育来充分发展学生的个性，以促进学生的和谐全面发展。因此，民族院校的教育改革应突破传统的"复制型"人才培养模式向"综合型（创新型、应用型、实践型）"人才培养模式转变，这是民族院校在新形势下得到有效发展的逻辑主线和内在要求。

（二）实践创新能力的培养途径

基于自主学习和新的人才培养理念，民族院校应始终把"培养什么人""如何培养人"作为首要问题来抓，积极探索有效的人才培养途径，真正为少数民族地区，甚至全国输送具有实践创新能力的合格人才，这是提高民族院校教育质量的关键。本文结合湖北民族学院社会学本科专业的实践及理性分析，民族院校目前应着力做好以下几件事情。

1. 教育理念的更新与实践

基于"自主学习"的人才培养模式，高校教师应在转变教育观念的基础上认识到"教育不仅仅是复制别人已有的知识和技能，它更应是发展学生独立思考和实践创新能力的手段"，这不仅是教师实施创新教育的前提，而且是引导学生有效进行自主学习的前提。可以说，有什么样的教育理念，就会有什么样的教学模式和实践。因此，民族院校教师应基于新教育应基于新教育理念创造性的搞好育人教书工作（人格培育、课堂教学及课后辅导等），如在课堂教学中就要基于多媒体教学通过启发式、讨论式、参与式等现代教学方法把比知识更重要的东西——"获取知识的方法和能力"传授给学生，以培养学生的创新精神和实践能力。

2. 优化课程培养计划，完善人才培养模式

基于时代特征和少数民族地区社会经济发展实际，坚持"厚基础、宽口径、重能力、高素质"的教育原则，按照"综合性、应用性、实践性"的人才培养导向来优化人才培养方案，从而科学建构合理的课程体系，使人才培养方案柔性化。这主要体现在以下三个层面。

（1）构建合理的课程体系，一是要基于"专业基础课的打通"来建立宽口径的公共基础课程平台（包括通识课），有条件的学校还可以打破不同专业壁垒，实行跨专业选修；二是要构建"模块化"（必修课程模块、专业方向模块、特色课程模块）的专业课程体系。

（2）进一步完善人才培养计划，基于"厚基础、人本化"的原则积极鼓励学生跨学科选修，以培养学生"复合型、创造型"的知识结构和能力结构，根据学生的特长充分发挥其个性。

（3）构建实践创新教学平台，通过军事训练、社会调查、学年论文（课程论文）、毕业实习等活动强化学生的重新精神和实践能力等。

3. 改革课堂教学内容，激发学生学习兴趣

实践证明课堂教学（方法、内容等）的好坏将直接影响学生实践创新能力的训练与培养。笔者结合教学实践认为课堂教学改革主要体现在"教学内容的优化与重组、教学方法的改进与协同"等方面，这里我们仅就教学内容的优化与重组谈谈以下三种具体做法。

（1）加强教师队伍建设，通过"校内整合（经济学、民族学骨干教师的融入）、有计划引进硕士以上学历教师、鼓励在职教师攻读博士学位等"来优化教师队伍结构，这是提高课堂教学质量的前提和保证。

（2）基于学科的特有视角优化课程教学的知识体系，渗透现代新思想，

以突出知识的"基础性、前沿性、时代性、应用性"，从而强化学生的兴趣和求知欲。

（3）基于学习方法的训练来培养学生的重新意识和独立思考能力，教师在教学时应引导并培养学生"独立获取知识、运用知识、创新知识的能力"，以增强学生综合运用知识的能力等。

4. 设立本科创新培养基金，积极培养学生实践创新能力

一般说来，本科创新培养基金有"班级（专业）、院级（二级学院）、校级"三个层次，其目的是有针对性地训练学生的创新能力及实践能力，这是民族院校培养学生创新意识及实践创新能力的有效途径。在实践的基础上经比较分析，其程序一般包括"选题申报、评审立项、中期检查、结题验收等环节"，其中选题申报是关键——选题过程就是发现问题的过程，在这个过程中可以有效地培养学生发现问题、分析问题、解决问题的综合能力。当然，学生在立项时需要老师的指导，同时还要鼓励学生结合老师的科研项目来选题，从而保证选题的可行性和价值。

5. 效果分析

社会学本科专业是湖北民族学院民族社会学院申请的新专业，在2004年开始招生，目前已经招了三届，2008年社会学专业本科首届毕业生顺利毕业。基于自主学习的实践创新人才培养模式的实践，目前已在以下三个方面取得初步成效。

（1）学生的专业基础知识得到了增强，学生在掌握社会学本科核心课程的前提下，还学习了管理学、社会工作等方面的知识，为增强学生的社会适应能力打下了坚实的基础。

（2）学生的实践创新能力明显增强，如 2007 年民族社会学院校内重点项目 7 项、一般项目 5 项；截至到 2007 年我院有两名学生获得省级优秀论文三等奖 2 人次，校级优秀论文一等奖 5 人次、二等奖 2 人次、三等奖 5 人次。

（3）首届毕业班 11041 班共有学生 39 人，大学英语四级过级率达95%，六级过级率到 21%，有 4 人考上西安交通大学、中央民族大学等高校研究生，就业率达 100%，学生的实践创新能力得到了较好训练和提高。

三、结论及其建议

综上所述，民族院校基于实践创新能力来实施创新教育以培养学生的社会适应能力，这既是时代的要求，又是社会发展的迫切需要，更是提高其教育质量的根本途径，是一项复杂的社会系统工程。因此，民族院校要真正提高人才培养质量，就必须遵循大学生的学习特性——"主动性、前沿性、多元性、高效性、比较性"，引导学生进行研究性学习，基于"三个面向（面向少数民族地区、面向全国、面向世界）"来加强对学生实践创新能力的训练与培养。通过充分发展学生的个性来促使学生得到全面发展，以增强学生的实践创新能力和社会适应能力。现在的问题是，基于"实践创新人才培养模式的实践"是一项全方位、系统而复杂的社会系统工程。民族院校应如何有效的实施这种教学改革呢？在调查的基础上经理性分析，民族院校目前似乎应着力做好以下几件事情：①转变教育观念，树立基于能力的"以人为本"（学生个性得到前面发展）的教育理念；②加强教师队伍建设，提高教师的基本素质（专业知识、教育学知识、心理学知识、教育技术知识等）；③优化专业结构及课程设置体系，基于两主思想（学生主体、教师主导）改进教学内容及方法；④基于新的教育理念，深化教育教学管理改革等。唯其如此，民族院校才可以真正顺应时代变化和社会的发展来提高其人才培养质量，为社会造就"适销对路"的各级各类合格人才。

参考文献

谭贤楚，等.从"知识传授"到"能力培养"：现代高等教育的理念及实践研究 [J]. 前沿，2008（2）：58.

胡锦涛.高举中国特色社会主义伟大旗帜　为夺取全面建设小康社会新胜利而奋斗——在中国共产党十七次全国代表大会上的报告 [M]. 北京：人民出版社，2007：37.

中国社会科学院语言研究所.现代汉语词典 [M]. 北京：商务印书馆，2005：691.

仝兴华，等.探索柔性培养机制，创新人才培养模式 [J]. 中国大学教学，2006（9）：46.

张吉维，等.设立本科创新基金、培养学生创新能力的探索与实践 [J]. 中国大学教学，2006（11）：31.

潘云鹤.大学教学如何指向以人为本 [J]. 中国高等教育，2005（4）：21.

民族院校社会学专业实践教学模式探索

——以湖北民族学院社会学专业为例 *

张明波　　刘伦文

摘　要：社会学是一门理论性和应用性都很强的专业，学科特点决定了实践教学对于社会学专业人才培养具有重要价值。民族院校都十分注重社会学专业实践教学和学生综合能力培养。湖北民族学院社会学专业经过十余年的办学实践，通过凝聚实践教学理念，完善实践教学措施，搭建多维实践教学载体和探索研究性学习机制，极大地提高了办学实力和学生的核心竞争力。

关键词：社会学；实践教学；研究性学习

社会学是一门理论性和应用性都很强的学科，社会学高度关注社会运行和发展，力求化解矛盾，调整社会关系，促进经济社会发展。郑杭生先生认为社会学应该具备"缩减社会代价，促进社会发展"深层价值关怀，费孝通先生也曾经主张"构建面向人民的社会学"。社会学专业学生要能够具备这样的理论、素质和价值关怀，必须既有良好的理论素养，又具有很强的分析实际问题、解决实际问题的能力。这势必要求社会学专业更加注重实践教学环节，特别注重学生综合素质的培养，才能够使学生具有米

---

* 本文原载于《教育文化论坛》2017 年第 2 期。

尔斯说的"社会学想象力",才可能就各种社会现象保持审慎思考和提出解决问题的办法。

目前,民族院校都设立了社会学专业,都比较注重社会学专业实践教学环节,并进行了一些有益探索,这对提高社会学专业学生综合素质具有十分重要的意义。本文主要结合湖北民族学院社会学专业的办学历史经验,就民族院校社会学专业实践教学模式建构进行实践总结和理论探讨。

一、实践教学在社会学专业人才培养体系中的重要价值

通过多年的办学实践探索,笔者认为实践教学环节在社会学专业人才培养体系中占据着十分重要的地位,发挥着十分重要的功能。

首先,这是社会学学科性质决定的。社会学产生于社会大变革的现代社会,高度关注社会问题,具有很强的理论性和实践性。从西方社会学发展来看,西方社会学提出了一系列的流派、范式,如社会秩序论、社会功能论、社会冲突论、符号互动论、理性选择理论、社会资本理论、社会风险理论等,都旨在理解、阐释、分析、解决社会问题。从中国社会学发展来看,其实中国社会学自一开始就具有较强的价值诉求和理论关怀,严复、费孝通、郑杭生、刘少杰都有相应论述,都主张社会学并非能够完全做到价值中立,事实上社会学应该具有价值关怀。学生要掌握具有理论性和实践性双重特征的社会学知识谱系、方法精髓、操作技巧,除了要认真研读中西方社会学发展史、理论流派观点、各种范式主张外,还必须注重学以致用能力的培养,这必须加强实践教学环节。

其次,这是社会学培养目标决定的。如中央民族大学社会学专业培养目标规定,"本专业培养掌握社会学理论与方法,具有强烈的社会责任感

和敏锐的社会观察能力，可以进行社会研究、社会管理、市场调研分析的社会学专门人才"。西南民族大学社会学专业要求，"学生主要学习社会学的基本理论、研究方法及人文社会科学的相关知识，接受社会调查和分析研究的专业训练，具有认识社会和分析社会的基本能力和社会管理工作的能力"。湖北民族学院社会学专业要求，"学生具备较强的分析和解决实际问题的能力，能胜任社会调查与研究、社会管理、决策咨询、社会工作与服务等工作"。这些都表明社会学专业十分注重学生理论素养提升和实践动手能力培养。所以，从社会学人才培养目标来看也需要切实加强实践教学工作，提高学生分析问题、提出方案、解决问题的能力。

最后，是适应新时期人才需求，培养创新型人才的需要，正如有的学者指出，"实践教学是大学生从理论学习向社会实践、从知识向能力转化的关键环节，也是21世纪对人才培养的新要求。"中国大学教育已经进入大众化阶段，各个专业包括社会学专业的学生都面临着就业压力，但是，通过多年教学和学生管理的实践，笔者认识到社会学专业的学生只要具备扎实的理论功底和较强的实践动手能力，其实是比较好就业的，而且到单位后发展前景也很好。这些教学实践经验启发笔者社会学专业必须注重创新型人才的培养，要主动适应经济社会发展，改革教学方式方法，注重社会学专业学生创新意识培养和训练，才能提高社会学专业学生的核心竞争力。

二、民族院校社会学专业实践教学经验探索

笔者研究发现，民族院校社会学专业都十分注重实践教学环节，都从多个方面对实践教学环节进行了设计和规定。笔者认真研究民族院校社会

学专业人才培养方案发现，民族院校的社会学专业目前的社会实践主要体现在社会调查、学年论文、毕业设计、创新项目训练、毕业论文等环节，一般规定学分 15 左右。如西北民族大学近年来高度重视实践教学工作，通过聚焦制度创新，塑造实践理念；搭建实践平台，激发参与热情；科研带动实践，培养创新精神；打造第二课，专注培养过程；校园对接社会，做实就业服务等措施，"并细化为'自主、创新、服务'的实践教学理念和'多层次、立体化'的实践教学思路"。学校规定实践教学的学分比例，其中文科不低于 15%，理工科不低于 25%，社会学专业学生还积极参加挑战杯竞赛和大学生创新项目，开展民俗文化节活动，通过校内的多功能社会工作实验室和校外实习实训基地不断提升综合能力。而中南民族大学社会学专业也十分注重实践教学环节，其 2013 版社会学人才培养方案规定，实践教学环节学分共计 25 分，占总学分的比例为 15.62%，其中包括必修学分 20 分和选修创新学分 5 分。必修环节实践训练主要包括到市区或市郊参观访问、志愿服务等社会实践，课程设计包括为期 6 周，共计 6 个学分的校外社会调查，毕业实习及毕业论文。

中南民族大学社会学专业要求学生熟练掌握社会调查、社会研究的基本方法和技能、社会统计分析方法及软件的使用，具有较强的社会调查研究的实际工作能力；熟练掌握并善于运用社会管理和社会服务的各种技能和方法，具有较强的社会工作与管理能力；熟练掌握文献检索、资料查询的基本方法和手段，具有较强的信息处理、论文写作及语言表达能力。而这些目标的实现主要是依靠该校扎实的实践教学环节，引导学生深入社会进行参观访问、社会服务、田野调查，将所学社会学理论知识和社会学方法进行实践锻炼和操作，将抽象的理论和方法转换为学生分析问题、解决问题的能力和习惯。实践证明实践教学环节的扎实开展对于提升社会学专业学生的综合素质起到了关键性作用。

三、湖北民族学院社会学专业实践教学模式的积极建构

湖北民族学院社会学自 2004 年招生以来，先后在刘伦文教授、谭贤楚教授和陈沛照博士等学院领导和专业负责人的带领下，积极探索实践教学模式，不断增强对实践教学工作的认识，形成高度重视实践教学的培养理念，制定一系列实践教学制度，完善了实践教学课程体系，并通过多种措施、多维训练培养创新型人才的良好局面。

（一）凝聚实践教学理念

湖北民族学院社会学专业在办学实践中，根据社会学学科特点，结合教育教学探索实践，特别是结合社会学专业学生就业及发展情况，逐步强化了对实践教学重要性的认识，师生形成了高度注重实践教学的浓厚氛围。如担任社会学专业负责人多年的谭贤楚教授撰文总结道"强化实践，正确处理理论教学与实践教学的关系。比如实践性教学学时占总学时的 21%，不仅在相关课程中要增加实践教学环节，而且还要增加《社会调查实训》等实践课程，学生必须至少获得 8 个实践创新学分才能毕业"。在多年的实践探索基础上形成了"夯实基础、拓宽口径、强化实践、注重创新、突出应用、分类培养"的基本办学思路，构建了"理论课程、实践教学、多元培养"三位一体的社会学专业本科生人才培养模式。

（二）完善实践教学措施

在办学实践中，湖北民族学院社会学专业不断对人才培养方案进行完

善，其中对实践教学环节逐步进行了规范和完善。从环节上看，社会学专业实践环节主要包括公益劳动、暑期社会实践、社会调查实训、文献综述与统计分析实训、毕业实习、课内实践等。其中值得特别指出的是，湖北民族学院社会学专业十分注重学生社会调查能力培养和训练。安排学生在第一、二、三学年的暑期进行社会调查，由学生根据自己兴趣和条件在教师指导下确定选题，在实地调查的基础上完成调查报告，并每年组织教师认真完成成绩评定、表彰先进，对于成绩不合格的学生限期修改完善才可计学分。社会调查实训环节安排在第四学年上学期（第七学期）进行，学生确定相关的问题与目标，主要采用问卷调查、田野调查的方法收集资料，要求提交规范的调研报告。文献综述与统计分析实训则安排在第四学年上学期（第七学期）进行，引领学生根据毕业论文选题与设计需要，强化文献检索、文献整理与文献述评的技巧与能力，学生需提交文献述评报告；统计分析实训要求学生提交数据分析报告。通过这些环节的严格训练，社会学专业学生大多数都能够熟练掌握社会调查的方法和技能，带有较强的问题意识和分析与解决问题的能力，会撰写高质量的调研报告。所以，一大批社会学专业毕业生核心竞争力比较强，工作找得好，到单位后发展快，很多毕业生很快被提拔重用。目前，湖北民族学院社会学毕业生有一大批因为在校期间社会实践能力强、悟性好、调研能力强、文笔好，很快被组织部、宣传部、政府办、扶贫办、党校、公安局、法院、检察院等单位选调，有的很快被重用。据不完全统计，社会专业学生仅在湘西州、恩施州担任科级干部的接近20人，这从一定程度上体现了社会学专业人才培养质量。

（三）搭建多维实践教学载体

社会学专业开办以来紧紧围绕学生实践能力提升和创新人才培养的要求，不断构建实践教学载体。经过多年努力，社会学专业构建了以实习实训基地、统计分析实验室、社会工作实验室为依托，以社会调查研究大学生创新活动基地和大学生"瞭望社"、社会工作者协会为研究性学习平台，以大学生科研创新项目、大学生挑战杯竞赛、社会调查报告评比为抓手的多维实践教学载体，并取得了以下成果。

（1）在社会学专业实习实训基地建设方面，学校先后在恩施市桂花园社区、官坡社区、恩施市民政局、恩施市龙凤镇政府、恩施市检察院建立了实习实训基地，为学生见习实习搭建了良好的平台。实践证明，凡是到实习实训基地认真参与实习实训的学生，其思考问题、解决问题能力得到有效提升，社会调查、研究报告撰写及组织协调能力得到很好训练，这些学生在公务员、选调生、事业单位人员招考和面试中体现了优势，就业层次和质量得到提升。

（2）社会学专业十分重视学生科研训练，积极引导学生参加"挑战杯"竞赛。据统计，社会学和社会工作专业学生自 2007 年以来获得校级大学生科研训练项目 20 余项，2011 年以来在《湖北民族学院学报》《怀化学院学报》《土家族研究》《学理论》等刊物发表学术论文近 20 项，先后有多名同学在湖北省挑战杯竞赛中获奖。

（3）积极引导学生进行社会调查，提高分析问题和解决问题的能力。"学院特别注意培养社会学专业学生从实际出发的理论品格，努力培养学生社会调查的技能，促进学生养成热爱调查的良好习惯"。

（四）探索研究性学习机制

湖北民族学院社会学专业自建立以来，高度重视学生自主学习，强调综合能力培养。在办学实践中，积极倡导研究性学习，特别体现在将研究性学习理念贯穿到实践教学全过程全方位，在实践教学的过程中十分注重培养学生的问题意识，提高学生悟性，引导其自主学习，善于思考，进行探究式学习，鼓励学生参与课题研究，并深入民族村落、城市社区、弱势群体、工厂企业进行社会调查，体验生活，锻炼能力。社会学专业教师在此基础上总结提炼的《基于自主学习的学生创新能力培养及实践研究》《社会学专业学生研究性学习的探索》先后获得学校教学成果二等奖，而谭贤楚博士主持申报的《多维变革与实践创新：地方院校社会学本科专业人才培养的探索与实践》则获得了湖北省教学成果三等奖。实践证明，研究性学习对于社会学专业实践教学和学生综合素质提高具有十分重要的意义，张明波等曾撰文总结到，"社会学是门实践性很强的专业……这需要学生培养研究性学习的能力，培养社会学的想象力，把握社会发展的脉搏，在思考中增进理性，在实践中提高学问"。"研究性学习机制对于社会学专业学生素质的培养尤其重要。我们在实践中总结出来的以学生问题意识培养为核心，以学生科研立项和社会实践基地为平台，以社会调查、素质拓展、社区实习为主要形式的机制促进了社会学专业学生的研究性能力的提高，提高了核心竞争力"。

参考文献

中央民族大学社会学系. 社会学专业本科 2014 培养方案 [EB/OL].（2015–03–09）.http:// mzx.muc.edu.cn/goessay.action essayid=35903&catid=300.

西南民族大学社会学系 . 社会学专业培养方案 [EB/OL]. （2014–09–28）.http://shxxy.swun.edu.cn/rcpy/zysz/shx.htm.

湖北民族学院社会学与社会工作学系 . 社会学专业本科人才培养方案 [EB/OL]. （2015–05–14）.http://fxy.hbun.org/html/rencaipeiyang/benkejiaoyu/peiyangfangan /2015/0410/591.html.

罗大文 . 文科实践教学模式的研究与实践——以社会学专业为例 [J]. 教育教学论坛，2015（40）：135–139.

高志平 . 西北民大：用实践创新促教学质量提升 [N]. 中国民族报，2012–04–27.

谭贤楚，刘伦文 . 地方院校社会学本科人才培养模式的优化与实践——以湖北民族学院为例 [J]. 大学（研究版），2015（5）：27–32.

张明波 . 社会学专业学生研究性学习机制的构建 [J]. 长沙民政职业技术学院学报，2010（4）：92–94.

张明波，刘伦文 . 社会学专业学生研究性学习机制的思考——基于湖北民族学院社会学专业实践的总结 [J]. 创新与创业教育，2011（4）：97–99.

地方院校社会学本科人才培养模式的优化与实践 *

——以湖北民族学院为例

谭贤楚　刘伦文

摘　要：面对社会快速发展和市场经济日益完善的客观现实背景，如何提高大学生的人才培养质量及其就业能力，是地方院校人才培养与教育改革中必须解决的重要问题。因此，必须更新教育观念，秉承现代教育理念，以教师队伍建设为核心，通过"培养方案修订、调整课程设置及其体系、改进教学方法和教学评价"等系统变革，在实践中逐步优化人才培养模式，提高学生专业素质和实践创新能力，并据此提出了相应的政策性建议。

关键词：地方院校；社会学专业；人才培养模式优化；实践创新；政策建议

随着市场经济的日益深化和信息化社会的发展，我国高等教育的社会背景和领域都发生了比较深刻的变化，社会学专业的人才培养正在面临着新的挑战和机遇。因此，"深化教育领域综合改革，着力提高教育质量，培养学生社会责任感、创新精神、实践能力……推动高等教育内涵式发展"，是顺应我国经济社会的发展及其客观需要，为适应我国社会主义市场经济与社会发展的需求，输送"适销对路"并具有实践创新和社会责任感的合格人才的必然选择。这对我国地方院校的发展提出了新的更高要求，这样

---

* 本文原载于《大学（研究版）》2015 年第 5 期。

地方院校就要积极推进教育教学改革，积极探索优化人才培养模式，以造就社会社会主义建设的新型合格人才，更好促进地方社会经济的发展。

一、人才培养模式优化的必要性

为了顺应社会发展的这种大背景，人才培养模式的优化有其现实的客观必然性，主要体现在如下几个方面。

（1）社会学学科属性及其人才培养目标的内在要求。由于社会学是一门"立足现实、洞悉社会"的应用性学科，其人才培养就要在强化社会责任感的基础上，以"德能并重"核心，培育其实践和社会适应能力。

（2）培育专业特色的需要。"理论与实践"相结合是社会学专业人才培养的重要特色，以"实践能力培养"为中心，加强实践课程设置，突出学生"职业能力"和"职业素质"的培育，优化现有人才培养模式很有必要。

（3）社会主义市场经济与现代化建设的内在需要。十八大及十八届三中全会明确指出我国要加快经济体制与政治体制改革的步伐，培育国家现代化的治理能力，这种社会发展趋向势为高等教育提出了新要求。

（4）社会学学科本身发展的需要。因此，改革并优化社会学专业的人才培养模式既是时代的要求，又是我国社会经济进步和社会主义现代化建设的需要。

二、社会学本科人才培养模式的优化原则与路径

实践证明人才培养模式的优化与实践既是提高人才培养质量的关键，又是提高高等教育质量的重要途径。可见，要对人才培养模式进行优化研究，首先就要把握人才培养模式的基本内涵。然而，令人遗憾的是相关研究虽然冠以"人才培养模式"名目，却不分析人才培养模式的概念，这有

一定程度上的认识误区，从而影响了教学质量的真正提高。那么，现在的问题是：人才培养模式究竟怎么去认识和理解呢？通常情况下，模式就是指"某种事物具有的标准形式或人们做事时所遵循的特定样式"，其核心是指一种"程序化的规范和工具"。这样，综合前人观点，"人才培养模式"可以定义为"培养各级各类人才所遵循的特定规范和工具"，它在其现实形态上往往表现为"人才培养方案（计划）、教学内容及体系、教学方法、考核方式及教学管理方式等"构成的有机系统。

（一）优化原则

1. 规律性原则

根据教育与学生发展的规律，坚持社会学大类培养规格，增加实践性课程和实践教学环节，既体现"德育为先的能力导向"，又展示"博专结合"特征。

2. 适应性原则

主动适应新形势下的国家社会经济发展战略需求、专业相关的职业需求与少数民族地区经济社会建设主战场的人才需求，具有一定的前瞻性。

3. "因地制宜"原则

根据自身优势，立足于社会学（专业）与民族社会学硕士点的整体办学实力，强化学生的知识结构与实践能力，突出专业特色；

4. 以课程群为纽带，突出个性化模块的课程建设

以"创新实践能力培养"为逻辑起点，逐步探索多样化的"分类型与分层次"培养方式。

（二）优化路径

基于前面人才培养模式的认识和理解，其优化路径应是人才培养模式主要因素的反映。因此，根据当代社会发展对于社会学专业人才需求的结构性转换，视其人才培养模式的内在发展规律，在实证研究的基础上，认为其优化路径主要是"通过调整社会学专业的培养方案、课程设置及其体系、教材建设和教学方法"，以实现社会学专业人才培养模式的优化。

1. 着眼于社会经济需求（潜在），科学定位培养目标

根据社会经济及其发展的客观（潜在）需求，对社会经济对社会学本科专业人才的需求状况进行调研，科学把握其发展态势和特点，并以此为基础，结合本学科及专业发展的现状和演进趋势，制定符合湖北民族学院办学定位与专业自身定位及特色鲜明的培养目标，既要明确其培养规格，又要明确规范学生毕业所要达到的知识水平、文化素质与实践能力等。

2. 秉承现代教育理念，修订人才培养方案

实践证明，培养方案的优化与实践是影响教育质量的关键，是教学实施的纲领性文件和重要载体。可见，对人才培养方案进行优化研究是提高高等教育质量的重要途径。然而，调研表明：社会学本科专业的课程设置与社会发展具有一定程度的脱节。因此，根据高校具有明显的多样性和区域差异性等特征，人才培养方案涉及的对象是多层次的，其优化必须结合具体情况进行充分的战略思考和研究，以"知识、能力与素质"的协调发展为核心，把握社会学学科的未来发展趋势和方向，尽可能把握专业发展的时代性和前瞻性，这是"调整课程结构及其体系，优化培养方案"的前提。

3. 以课程改革为突破口，优化课程设置及其体系

明确社会学本科专业人才培养所涉及的课程，合理把握人才培养的规格和知识结构，以此为逻辑主线，加强不同课程间的连续性、层次性及其衔接，理顺"理论、方法与应用"这三类课程之间的关系，构建科学的课程体系并保证其完整性，从而"科学建构合理的课程体系，使人才培养方案柔性化"。同时，正确处理"必修与选修、理论与实践"等课程之间的关系，加强课程的更新与改革，以课程的内涵建设为纽带，实现课程知识及其内容的更新与重组，增强课程内容的科学性、层次性与前瞻性。

4. 加强教学方法改革，向课堂 45 分钟要质量

在教学过程中，积极探索并实践"启发式、讨论式与师生互动式"等多元化的综合教学方式，把学生主体、教师主导的"双主"教学思想渗透在教学过程中，把因材施教落在实处，逐步实现从"传统的知识传授为主导转移到能力与素质培养为主导"的教学模式，这是大学教育的一场深刻变革，提高课堂 45 分钟的效率和质量，进而提高人才培养质量。

5. 加强教学过程管理，改进教学评价方法

实践证明：教学过程管理是大学教学质量的重要保障，它主要是管理者基于现代教育理念及其管理目标，根据大学教学规律与基本特点，结合大学生学习和身心发展规律，而采取的教学管理模式与方法。可见，加强教学的过程管理和质量监控很有必要，这是提高本科教学质量的重要措施。同时，还要结合社会经济的发展对高等教育的新要求，积极探索并改进教学评价方法，比如课程考核可以灵活使用闭卷、开卷、读书报告和小论文

等多种考核方式及其结合，在教师教学评价中增加教师更新课程内容和实践教学的比分等。

三、人才培养模式的优化设计与实践

（一）优化设计

1.逻辑起点：创新人才培养目标的实现

毫无疑问，人才培养模式的优化根本出发点和目标是为我国经济社会发展培育"适销对路"的多层次实践创新人才，因而，"大学人才培养模式的基本问题是'培养什么规格的人''如何培养人'及'怎样培养这样的人'"的问题。因此，实践创新人才培养目标的实现是人才培养模式优化的内在逻辑和出发点。

2.协同变革：人才培养模式优化的根本

"不谋全局者，不足谋一域"。由于对人才培养模式进行优化改革是一项十分复杂的社会系统工程，因而，人才培养模式的优化变革就需要从学校整体定位的全局出发，"以点带面、重点突破、整体推进"，把人才培养模式的主要构成要素合理地排列、组合，实现其"协同变革"，共同来实现人才培养模式的优化，这是提高人才培养质量的根本和关键。

（二）人才培养优化模式的实践

1.定位与实践：转变教育理念，更新教育模式

实践表明，"教育理念的更新与定位是人才培养的各个环节转型的先导，一切有效的教育教学改革都是在正确的教育理念指导下进行的"。因此，高等教育改革的关键就在于教育理念的准确定位与更新，实施以"德

育为先、能力为重、质量为本"的教育模式，如在教学过程中就要以多媒体为纽带，运用"启发式、讨论式、参与式"等综合性的教学手段和方法，着眼于"思维和实践"，培育学生的"方法和实践创新能力"。

2.优化人才培养方案

（1）优化课程设置。在优化《社会学概论》《社会统计学》《社会研究方法》《社会思想史》《社会学理论》《社会心理学》《经济社会学》《中国社会问题研究》等课程的基础上，结合社会需求实际，还加强了学生管理学、逻辑学等素养的培育，比如《逻辑学》的开设，主要是培育学生的逻辑思维能力，促使学生能够运用逻辑思维去更好地认识、透析并把握社会。

（2）优化课程结构及其体系。社会学本科专业的课程结构表现为课程设置的模块化，根据培育目标与学生身心发展规律，合理布局"通识通修课程模块、专业基础课程模块、专业核心课程模块与个性课程模"之间的关系，比如通过打通相关专业的"基础课"，构建"宽口径、厚基础"的基础课程平台，进一步完善专业课程设置的前后顺序及其体系。

（3）优化理论教学与实践教学的环节。强化实践，正确处理理论教学与实践教学的关系，比如实践性教学学时占总学时的21%，不仅在相关课程中药增加实践教学环节，而且增加了《社会调查实训》等实践课程，学生必须至少获得8个实践创新学分方能毕业。同时，建议打破不同专业或学科的壁垒，实行跨专业选修，甚至在文理科间实现互修。

3.教学体系与内容的优化

根据学科的特点和视角，优化课程教学体系和内容，比如在《社区概论》教学中，先讲"社区的由来与发展、课程性质、主要内容"，再讲"社区研究及其基本理论"，突出了学生的认识规律。同时，还要对教学内容进行更新和调整，以避免教学内容的重复，比如在讲"社区的基本理论"时，对"'社区'概念进行了修正（包括人群、空间、社会互动和规范），使其具有普遍意义"，以突出知识的"前沿性与时代性"等特征。

4. 构建有效的教育管理模式

首先，要着眼于教学的常规管理，把教学过程管理真正落在实处。其次，逐步建立与"学生能力培育"相适应的教学评价与激励手段，比如学生评价应从"知识多少"转向"以能力评价为主导"，教师教学质量与水平评价指标应适度增加"内容更新与方法改革"等内容。最后，优化教学资源，提高其利用效率，比如师资队伍的配备、教学设备及时维修、课程与课时的合理安排等，这是提高人才培养质量的重要保障。

5. 改革教学方法，提高人才教育质量

首先，以教研室为核心，搭建教师相互交流的平台，使教学研究活动制度化，把改进教学方法作为教师改革的主要内容来抓。其次，以相关教学研究和改革项目为纽带，实施教学方法的改革与实践，发挥优秀教师和课程改革的示范作用。最后，秉承"学生主体、教师主导"的现代教学原则和理念，因材施教，在教学过程中实施"启发式、讨论式、案例式、辩论式和师生互动式"等教学形式，合理运用现代化手段在教学手段，以提高人才质量。

（三）效果分析

社会学学科是湖北民族学院重点建设学科，通过近十年来的建设和发展，现有民族社会学硕士点与社会学本科专业各 1 个，社会学本科专业为

校级品牌专业，教师（含兼职）12 人，校级教学团队 1 个，其中硕士生导师 6 人，教授 3 人，副教授 3 人。多维变革的优化人才培养模式在 2012 年开始实施以来，已取得了初步的成效和预期目标。

（1）学生的专业知识和技能明显增强，比如 2012 级学生在湖北省第二十届外语翻译大赛英语非专业笔译组获得三等奖 2 人次，获得优秀奖 5 人次。

（2）学生的实践创新能力明显提高，如 2012 年以来学生获得校内重点项目 6 项、一般项目 8 项；获得省级优秀论文 2 人次，校级优秀论文 18 人次；2012 级社会学专业，大学英语四级过级率达 83%。

（3）2012 年以来，发表论文 5 篇，有 8 人次考上南京大学、华中师范大学等高校研究生，连续 3 届本科毕业生平均就业率达 82%。

四、结论与思考

综上所述，地方院校社会学本科人才培养模式的改革与优化是一项复杂的社会系统工程，它既是时代和社会发展的客观需要，又是提高人才培育质量的关键和根本途径，其目标在于通过多维度的变革和实践创新，夯实知识和专业基础，力图构建理念先进、特色鲜明的多层次实践创新型人才培养模式。那么，地方高校究竟如何应对这种人才培养模式的新变化呢？在借鉴兄弟院校社会学办学经验的基础上，结合实践，似乎应着力在以下几个方面下功夫。

（1）秉承"能力主导"的现代教育理念，积极更新教育观念，加强课堂教学管理，并践行于教学改革过程之中，改变"传统教育的质量观，坚持知识、能力、素质协调发展"。

（2）着眼于课程负责人，通过进修和内部整合，积极构建专业教学团队和课程教学团队，强化师资队伍建设。

（3）对专业的课程结构及其体系进行优化调整，以此为基础，加强大学生的职业生涯教育，这是"高等教育科学发展的一个重要趋势，是高校创新人才培养模式的理性选择"。

（4）改革或更新课堂教学体系与内容，积极把科研成果转化为教学内容，实现科研与教学的良性互动。

（5）探索教育管理改革，积极构建新的教学质量评估体系，比如对教学评价，"不仅要看教师给学生传授了多少知识和学生掌握知识的情况，更重要的是要看教师在教学过程中是否善于发现和提出问题，启发学生积极思考"。

（6）进一步优化教学资源，积极"把学校所有能够利用的优势资源都转化为培养学生的资源，转化为提高教学质量的资源"。

（7）针对就业困境，逐步"建立以职业本位为基础的应用型人才培养模式"，等等。

参考文献

胡锦涛. 坚定不移沿着中国特色社会主义道路前进 为全面建成小康社会而奋斗——在中国共产党第十八次代表大会上的报告 [M]. 北京：人民出版社，2012：35.

张晓鹏. 美国大学创新人才培养模式探析 [J]. 中国大学教学，2006（3）.

李森焱，等. 创新人才培养模式，深化地方高校教学改革 [J]. 辽宁教育研究，2004（5）.

唐一科. 高校人才培养模式的改革与实践创新 [J]. 中国高教研究，2003（1）.

中国社会科学院语言研究所. 现代汉语词典 [M]. 北京：商务印书馆，2005：691.

谭贤楚，张明波. 民族院校实践创新人才培养模式研究：湖北民院社会学专业的实践 [J].

前沿，2009（4）：76，75–76.

仝兴华，等.探索柔性培养机制，创新人才培养模式[J].中国大学教学，2006（9）：46.

谭贤楚，等.从"知识传授"到"能力培养"：现代高等教育的理念及实践研究[J].前沿，2008，（2）：58，58–59.

罗道全.论高等学校创新人才培养模式的构建与实施[J].黄河科技大学学报（社会科学版），2000（2）：38.

王凤琴，李秀梅.职业生涯教育：高等学校创新人才培养模式的理性选择[J].思想政治教育研究，2009，25（3）：8.

李虹，韩广彬.论高等教育创新人才培养模式的构建[J].宁夏党校学报，2010（1）：92.

唐景莉，等.中外著名大学校长纵论高教"变革的力量"[N].中国教育报，2010–05–06（3）.

冯朝亮，潘晨璟.应用型社会学专业人才培养与教学改革新思路[J].黑龙江教育（高教研究与评估），2013（6）：68.

关于社会学专业实践教学改革的思考

——以湖北民族学院为例 *

李萌萌　　刘伦文

摘　要： 从社会学专业本身的性质和目前的教学现状来看，进行专业教学改革一个最重要的方向就是通过加强实践锻炼来提高学生的专业能力。在开展实践教学的过程中，首先，我们应该是依据学校自身的类型，来制定相应的实践活动方案；其次，我们要依据学生的认知发展水平，在不同年级采取不同的实践活动方式；最后，对实践教学活动的科学评价则是实践教学改革必不可少的环节。

关键词： 社会学专业；实践；改革

一、引言

在现代科学技术迅速发展的条件下，人类积累的知识量越来越大，知识更新速度越来越快，国家建设和社会发展对人才质量的要求也越来越高。在这样的时代背景下，如何提升大学的人才培养质量，是值得人们思考的问题。著名的"钱学森之问"——为什么中国的大学培养不出创新人才，同样也引起了人们的思考。在对这些问题的思考中，中国的大学开始探索

---

* 本文原载于《湖北经济学院学报》2014 年第 10 期。

实施改革的道路和方向。中国的社会学，作为西学东渐过程中引入的外来学科，在中国的发展并非一帆风顺，社会学从开始引入到现在，一直都经历着边发展、边探索的过程。传统的社会学是一种弱职业属性的专业，为了让这个专业能顺应时代潮流，适应社会发展的需要，很多学者都在高校教育改革的大背景下，积极探索着社会学专业教育的改革。

二、我国社会学专业教育的现状及问题

就目前社会学专业的人才培养方式来看，我们在理论教学方面有了很大的发展，开设的各种课程能让学生能够接受系统的理论训练，但实践教学相对较弱。其他研究者同样也强调社会学专业教育改革的重点是要加强专业实践，只是强调实践的方式不同。有的研究者强调课堂中的师生互动，加强学生思维能力的锻炼；有的研究者强调通过参与课题或科研项目，加强学生科研能力的锻炼；还有的研究者强调通过社会调查、基地见习实习等方式来提升学生的社会调查技能和关注社会问题的能力。

社会学作为一门分析各种社会现象和问题，研究社会中的人及其行为，探讨如何解决社会问题，其研究领域涉及我们身边的家庭、学校、企业、国家甚至国际社会；并且在研究中运用专业的研究方法，例如通过观察、访谈、实地调查、问卷调查等方式去收集资料，运用统计技术进行资料分析，通过严谨科学的态度得出结果。社会学因其自身的这些特点，其专业的学生毕业后有着广阔的就业领域，既可以从事与国计民生息息相关的基础性工作，又可以从事与时代发展相关的前沿性工作。

这就需要社会学专业的学生必须通过专业课程的学习，掌握基本的理论知识和社会研究能力。社会研究的能力就是我们所说的社会学的应用性

体现，这也是实践教学要着重锻炼的，具体包括敏锐的观察能力、实证调查技能、社会问题分析能力及较强的论文写作和语言表达能力。而这些能力的培养，不仅需要理论的支撑，更需要实践能力的培养，也就是其他学者强调的在教学过程中注重实践。但是究竟如何进行实践教学，如何提高实践教学的效果，如何评价实践教学的成果？下面结合前人的研究及自己的教学经验，谈一些看法。

三、湖北民族学院社会学专业教学改革的实践思考

不同的高校类型在人才培养方式和目标上是有区别的，所以在进行教学改革的时候，首要要在高校教育的目标下，依据学校自身的类型和所拥有的资源来制定相应改革方案。

我国的高校可以分为三类，即研究型大学、教学研究型大学和教学型大学。不同类型的高校，拥有的资源是不同的，所以在人才培养方式上也应该有不同的侧重点。研究型大学的人才培养应该更多地体现其科研成果和能力的培养；教学研究型大学的人才培养应该是知识面宽，应变能力强，综合素质过硬的复合型人才；教学型大学承担着大众高等教育任务，更强调人才培养的通识性、专业性及社会适应性的兼顾；应在立足教学中，培养适应社会发展需要的各类人才，也就是注重培养应用型人才。

湖北民族学院是一所地方民族院校，从学校的类型来看，属于教学型大学，湖北民族学院各专业改革的方向就是在教学型大学的背景下，注重应用型人才的培养。所以湖北民族学院的社会学专业教学改革要以教学型大学的人才培养目标来确定改革的目标和方式。结合湖北民族学院的实际

情况和前人的研究，我们觉得应该从以下方面来思考和实践湖北民族学院社会学专业的教学改革。

（一）在教学型大学的背景下开展社会学专业教育改革

教学型大学主要是承担高等教育大众化的任务，注重的是培养应用型人才。这种应用型人才更加注重学生的能力发展。在专业课程的设置上强调基础扎实宽厚，知识面广，采用"厚基础，宽口径"的人才培养思路。湖北民族学院社会学专业人才培养方案基本上就采取了这种理念来设置相关的课程。社会学专业的课程设置低年级主要是通识课与学科基础课为主，包括英语、体育、民族理论等，学科基础课涵盖了管理学、心理学、法学等学科门类的基础课程；高年级的学生开设的课程主要以专业基础课、专业核心课为主，而且还开设了一些个性模块课，这些个性模块课注重与时俱进，结合社会发展的状况，对原有课程进行深化和扩展，例如《市场调查与数据挖掘》《市场经济理论》和《网络社会学》等。通识课和学科基础课程的设置，扩充了学生的知识视野，真正让学生的基础知识面得到扩展；而后面开展的专业基础课、专业核心课程，不仅注重专业的系统性和完整性，而且还注重学生能力的培养，不仅有扩展知识面的通识课，个性模块课的设置让学生有了更多自由选择课程的空间，学生可以依据自己的兴趣和需要，自行选择修学哪些课程。这些个性模块课不仅体现了这门专业与社会的结合，而且更注重学生的实践能力，尤其是社会调查的能力和解决问题的能力的培养。

（二）依据学生认知规律来实行社会学专业教学改革

教学目标是社会发展与个体发展需要的反映，在进行专业改革时，不仅在课程设置上要符合学生的认知发展能力，在进行实践教学的时候，也要符合学生的认知发展和接受能力，这就要求我们在进行专业教学改革过程中要对不同年级学生能力培养的内容和手段有所区别。针对低年级的学生，我们更多是要注重学生的社会学意识和社会学思维能力的培养。这种社会学意识和社会学思维就如米尔斯所说的"社会学的想象力"，强调的是对周围的事物充满好奇心，能看到事物背后的联系，能将个人困扰和公众议题结合起来。这种意识和能力，需要在专业基础课的学习中慢慢培养，主要是通过在课堂教学中，在师生互动中培养。这就需要教师在课堂中，一方面讲授专业知识，另一方面就社会热点问题引发同学们的思考和分析、并积极展示相关的前言研究成果，注重在课题上引导学生思考、分析、讨论，增强课堂的趣味性和实用性以及课外的实践活动，通过教师的积极引导和师生互动来达到学生社会学意识和社会学思维的培养。

针对高年级的学生，我们更要加强学生的专业认同和研究能力的训练。高年级的学生经过一段时期的知识积累和专业训练后，基础知识和相应的专业能力已经具备了，要想在专业上得到进一步的发展，就必须加强学生的专业认同。专业认同是指学习者对所学专业的接受与认可，并愿意以积极主动的态度和行为去学习与探究。可见，这种专业认同是学生学习的一个很重要的动力，专业认同度高的学生学习动机强，学习的效果也更好。所以高年级的学生要加强专业认同度的培养。专业认同度的培养除了要提高课堂的教学质量之外，更重要的是加强社会实践环节。这个时期主要是有意识培养学生的动手和自学能力，学生应该成为课堂的主角，经常给予学生锻炼的机会，例如通过分组讨论或做专题知识报告等方式，将学习的主动权交到学生手中。这个时期还有很重要的一个方面是加强学生的课外实践能力的锻炼，通过社会调查、基地见习实习、参与教师课题研究或自己申请科研课题来提升专业能力。这个时期的教师更多的是起到一种辅助的作用，学生也主要是通过这些社会实践来提升自己的研究能力，通过这些活动培养独立意识和反思批判精神，让学生在思维和能力上能得到全面发展。

（三）实践教学成果的评价

社会学的实践教学过程是一个持续性的过程，一直贯穿着学生四年的大学生活，实践教学的成果如何，一方面可以通过毕业生的就业情况和就业方向得到一些反馈，另外一方面可以通过学生参与的各种科研实践活动体现出来。

近年来，湖北民族学院社会学专业一直秉承理论与实践教学相结合的培养模式。积极构建社会实践和实习基地，为学生提供平台，引导学生关注、调查、分析社会问题，培养学生的实践调查和分析问题的能力；另一方面，积极鼓励学生参与各种社会实践活动，例如组织学生参与读书会、大学生讲坛、申报大学生科研创新项目等。在这些活动中，社会学专业的学生能够积极主动地参与其中，并在活动中积极运用所学的知识。从以往毕业生的情况来看，学校中的这些活动确实让同学们的实践能力得到了锻炼和提升。这也反映湖北民族学院社会学专业的实践教学对提升学生的实践能力有一定的帮助。

在目前社会学专业的教学中，在理论性学习基本能够满足学生需要的情况下，教学的改革主要集中在实践性方面。实践性的改革，一方面要在依据学校的实际情况来设定实践活动的内容和目标，另一方面要在符合学生认知发展水平和规律的情况下，针对不同年级的学生采用不同的实践方式，使实践的效果能达到最大化，真正达到实践改革的目标。另外，实践教学是一个长期的过程，教学的效果是一个逐步显现的过程，我们的实践教学要收到更好的效果，还要依据学生的反馈和学生的实践成果逐步调整，而且在实践的过程中，要建立一个合理的评价体系，对学生的综合素质和实践能力进行评价。评价的具体指标也是一个依据社会发展变化逐步调整到科学合理的过程。这也要求我们在实践教学改革中要随着社会和专业的发展逐步培养出满足社会需求、有较强应用力的专业人才。

参考文献

郭军，游文慧，肖云忠.社会学专业人才职业适应能力培养探析 [J]. 成都理工大学学报（社会科学版），2008，16（4）.

刘伟.试论教学型大学办学定位的依据及其特征 [J]. 华北水利水电学院学报（社科版），2004，11（4）.

社会学专业实践教学改革路径初探

——以湖北某高校社会学专业为例 *

张明波　张冰

摘　要：社会学专业是一门理论性很强的应用性学科，专业实践教学环节是应用型人才培养的最重要途径。文中以湖北某高校社会学专业为例，描述了该校社会学专业实践教学的现状，分析了加强专业实践教学的重要性，进而从加强专业认知教育、实践教学与学生工作结合、完善实习基地机制等方面提出社会学专业实践教学改革的基本思路。

关键词：社会学；实践教学；路径

一个合格的大学生应该是具有良好素质的综合性人才，作为培养高级人才的高等院校应该树立综合人才观，培养复合型、应用型人才。大学教育给学生提供的是一个平台，不仅要求学生掌握牢固的专业知识，而且更要注重能力的培养和综合素质的提升。实践教学是人才培养过程中必不可少的环节，不仅有利于加深学生对书本知识和理论的理解，同时也能够使学生近距离接触社会、了解社会，为毕业后能够更快融入社会和适应社会打下基础，所以必须加强专业教育中的实践教学环节。

---

* 本文原载于《长沙民政职业技术学院学报》2014 年第 3 期。

一、湖北某高校社会学专业发展现状

"社会学是关于社会良性运行与协调发展的条件与机制的综合性具体社会科学",它是一门探求社会秩序、实现社会整合的学问,其在构建和谐社会中能够发挥重要功能。湖北某高校于 2004 年开设社会学这一专业,目前该校社会学专业在读学生规模约为 400 人左右。从开设专业至今,该校社会学专业教师一直致力于有关创新人才培养模式和专业实践改革等方面的研究,并取得一些成果。通过该校师生的不断探索和努力,目前社会学专业大批优秀社会实践成果涌现,学生的专业实践能力得到进一步增强。

二、加强社会学专业实践教学的重要性

按照学校的人才培养方案,社会学专业旨在培养能够系统掌握社会学基础理论和方法,具备较强的分析和解决问题的能力,并且能胜任社会调查与研究、社会管理、决策咨询等多方面工作的高素质应用型人才。社会学的培养目标要求妥善处理好理论、方法和应用之间的关系,这对社会学专业的人才培养提出了双重要求:即作为一名社会学专业的学生,不仅需要有社会学的理论视角,而且需要运用所学去分析和解决复杂的社会问题。强调实践教学环节不仅可以提高学生的综合素质和核心竞争力,而且可以提高学校的人才培养质量和办学声誉。因此,社会学专业教学不能停留在传统的教师的教与学生被动的学的阶段,而且应鼓励学生走出校园、参与实践,运用社会学的理论和方法去发现问题、分析问题和解决问题。

该校社会学专业实践教学虽然已经取得一些成果,但是还存在着对实践教学重视程度不够、学生在实践中走过场、实践基地维护有待加强等一

系列问题；时代在发展、教学对象在改变，原有的部分实践教学内容和形式已经不能适应专业发展和人才培养的需要。因此，探究社会学专业实践教学改革是一项十分必要且紧迫的工作。

三、社会学专业实践教学改革的基本思路

（一）加强专业认知教育，提高学生对专业实践重要性的认识

专业社会学是西方社会的产物，其在中国的起步较晚，由于历史原因，专业发展一度出现空白，1979 年国家决定恢复社会学。该校于 2004 年开设此专业，发展历史较短，加之地处西部少数民族地区，普通民众对社会学专业几乎"零知晓"，甚至一些本专业的学生对该专业的认知度也非常低。据了解，该校大多数社会学专业的学生是被调剂而来，在就读之前对该专业"零了解"，一些学生入学即想转专业，一些学生学了几年仍然专业思想不坚定。由于社会学专业社会知晓程度低、认可程度差，学生对专业学习兴趣不高、对专业实践缺乏正确认识、在专业实践时"走过场"，这为社会学专业实践教学的开展带来困难。

面对这些情况，一方面学校和学院需要利用地方报纸、电视台等媒体加强对社会学专业在社会建设和社会治理中的作用和成效进行宣传，增加公众对该专业的认知；同时积极与实习单位联系，寻求社会资源，扩大专业影响力，使公众认识到社会学在构建和谐社会中的作用。另一方面，学校需要进一步加强对学生的专业认知教育，采取优秀毕业生交流、优秀社会实践成果展、丰富学生活动等形式来加强学生对专业和专业实践的认识；在具体的教学环节中，针对专业理论的教学，教师要以问题导向的视角引

导学生关注社会中的热点、难点，以社会学的眼光来分析问题和解决问题，培养社会学的想象力。从多方面入手使学生增加对专业的认知，理解专业实践的重要性，增强对专业学习的信心，进而达到学以致用的目的。

（二）促进实践教学与学生工作相结合

该校团委及学院学生科在每年寒、暑假都会组织社会实践活动，社会学专业的学生在此过程中显示出较大的优势，往往在以调查报告形式的论文在比赛活动中获奖。但目前学校组织的社会实践活动缺乏制度化的保障，一些学生对社会实践还停留在应付差事阶段，寒、暑期调查报告从网上原文摘抄的现象仍然存在。社会学专业实践可以进一步与学生工作结合起来，可通过制定社会实践相关方面的规章制度来规范实践教学的管理；通过开设社会实践兴趣小组，吸引有兴趣、有能力的同学参与社会实践；加大对社会实践成果的表彰力度，设立社会实践先进个人的典型；通过开展多种同学们喜闻乐见的学生社会实践活动吸引学生参与，扩大活动影响力，形成全员参与社会实践的良好风气。

（三）完善实践教学基地机制

"建立产、学、研相结合的实践教学基地是实践教学体系构建的必备条件"。社会学专业实践必须实现实践基地教学。目前该校已经与恩施市民政局、舞阳坝办事处、桂花园社区、官坡社区、土桥社区等多家单位联合建立社会学专业学生实践基地。但是由于经费投入和师资不足等多方面的限制，实践基地的作用发挥不充分，机制不健全。个别学生在实习基地的实践，仅仅停留在"打杂"阶段，专业技能发挥有限；加之实践基地数量有限，现有实习基地不能满足所有学生专业实习的需要。因此，在做好现有基地维护的同时开辟多地域、多类型的实习基地迫在眉睫。学校要定期与已建立的基地进行沟通和反馈，及时了解实习生的实践情况，同时完善基地的资金投入、运作等相关方面的机制，加强实践基地的稳定性。

（四）建立专业实践中的督导机制

"督导工作是实习工作开展的关键，督导应提供专业、及时的监督与指导。"学生在具体参与专业实践过程中难免会遇到一些棘手问题，当这些问题得不到老师的及时指导和关注时，参与实践的积极性就会挫伤，这为督导机制的设立提供契机。目前一些学校在专业实践中已经引入督导制度，学生在参与实践的过程当中，督导师越来越成为不可或缺的角色。该校社会学在专业实践环节可以借鉴其他学校的经验，选聘实践基地或者学院受到过专业训练的老师作为督导，凭借专业的经验对学生的整个实践活动进行全面指导，及时回应学生在专业实践中的重点、难点，提供专业知识和情感支持，以增加学生参与实践的信心并促使其在实践教学中获得更大进步。

（五）加强目标管理，促使实践活动系统化

目前社会学实践教学的目的性不强，除毕业实习和暑期社会实践以外，学生的实践活动大多数来源于临时性的任务，缺乏目的性和计划性的临时性的任务导致部分学生在实践中只是充当简单的数据录入员或问卷调查者的角色，真正参与撰写实践报告的机会并不多，这不利于学生实践技能的发挥。在专业实践中应注重因材施教，针对低年级学生，严格对暑期社会实践的要求，并鼓励和引导其积极参与社会实践。针对高年级的学生，则开设专门的社会实践课程。在专业实践课程中，加强目标管理：主持社会

实践课的教师要开始实践之前制订详细的实践计划，对实习环境、实践的任务等有明确的介绍和安排，实践完成后要有经验总结和评估，根据周密的计划保证实践课程的顺利进行，促使实践活动的系统化。

（六）完善实践考核评价机制，量化考核指标

由于实习的内容和形式等方面不统一，所以对实践成果的评判很难有统一标准，不利于社会实践的评价和考核。故在具体实践教学实施过程中，有必要制定实践课量化评价标准，完善实践成果评估机制。社会实践课的成果应该以实习报告和调查报告等形式进行反映；实践内容尽可能地与平时课堂教学所学的知识衔接起来，同时鼓励实践的选题与学生的毕业论文相衔接；在对实践课程成绩的评定上，采用过程评估、结果评估相结合的方法，从实践态度、实践技能和任务完成情况等几个方面来进行综合评价和考量，提高考查的全面性。

参考文献

郑杭生. 社会学概论 [M]. 北京：中国人民大学出版社，2009.

吴林根. 大众化高等教育背景下大学实践教学体系的构建 [J]. 高教论坛，2004（12）.

张明波. 社会学专业学生研究性学习机制的构建——以湖北民族学院社会学专业为例 [J]. 长沙民政职业技术学院学报，2010（4）.

陈爱如. 社会学专业实习工作模式研究 [J]. 内江师范学院学报，2011（5）.

第三篇　人才培养篇

人本管理：民族院校教育管理的有效模式 *

李玉瑛　　谭贤楚

提　要：高校教育管理是学校一切管理工作的关键，而教育管理的核心是人。本文基于"人本管理"内涵的分析，认为"人"是高等教育管理系统中最具主体性的因素，指出民族院校教育管理要"以人为本"，实施人本管理模式是提高民族院校教育质量的根本，进而提出了相应的建设性建议。

关键词：人本管理；民族院校教育管理；对策研究

高校教育管理要以人为本，这是由学校管理的特殊性决定的。高校的根本任务是培养人才，高校教育管理归根到底是对"人"的管理，其逻辑基点是"以人为本"。然而，我国高校教育管理由于体制和客观条件等因素的制约，管理的行政倾向仍然较浓，未能充分重视并挖掘人本管理的作用，这应引起广大教育工作者的广泛关注。那么，在高等教育管理中应如何推行人本管理的模式呢？管理理念的转换与确立、管理体系的"人本化"、人本管理的措施及对策等已成为目前亟待解决的现实问题。下面笔者仅从教师和学生层面来讨论民族院校应如何运作并实现人本管理的模式。

---

*　本文原载于《前沿》2007 年第 8 期。

一、人本管理的内涵

随着社会的进步和时空的转换，人们逐渐认识到人本管理不再局限于经济管理领域，而是被人们广泛运用到社会生活的各个方面，高等教育管理也不例外。那么，什么是人本管理？简单地讲，人本管理就是"以人为本"的管理，充分激发人的主体性——积极性、能动性、创造性，这也正如曾任清华大学校长的王大中先生所指出的那样：高校人本管理的内涵主要体现在以下几个方面。

（1）要在高校的各项工作中重视人的因素，正确认识人的价值，发挥人的主观能动作用。

（2）学校教育的本质是一个人文过程，是一个以人（教师和学生）为中心的过程。

（3）在所有资源中，人才是最重要的资源。

（4）不但要在学术上发挥专家、教授的积极作用，在管理上也要发挥他们的作用，要确立教授在治校过程中的核心地位。学校的根本任务是培养人才，人是在管理系统中最具有能动性、创造性和最为活跃的因素，做好了人的工作，管理就抓住了关键，只有把人的管理视为全部管理工作的核心，才能真正做到以人为本的学校管理，建立和谐的学校关系。可见，高等教育是以"人"为核心的领域，其主要对象是教师和学生，高等教育管理的本质是"人本化"，教育管理人性化的趋势是大学发展的内在体现和要求。因此，"人本化"是高等教育管理的本质体现，以人为本是高等教育管理的核心，只有实现了其管理的"人本化"，才能真正提高高等教育的人才培养质量。

二、民族院校人本管理的对策探讨

如前所述，学校的根本任务是培养人才，即全体教职工在学校管理者的引导与激励下开展教育和培养学生的活动，所涉及的三个方面是：学校管理者—教师—学生，是一个由"人—人—人"构成的管理系统，人是在管理系统中最为活跃的因素，只有实现了"人本管理"，才能显示出它所具有的独特的生命力和凝聚力。那么，民族院校在高等教育管理中应如何实现"人本管理"呢？

（一）协同互动：对教师的激励与引导

对教育者来说，高等教育管理中最根本的是坚持以人为本的学校管理，需要在加强对教师的管理过程中，正确处理好约束与调动、服从与协调、使用与培养、求同与存异等方面的关系。

1. 约束与调动

怎样辩证地处理约束与调动的关系？关键在于如何适当把握约束的度。约束实际上就是强调"调动"，凡事从调动着手。争取人心，力求把有形约束化为无形约束，寓约束于调动中。人的管理首先是人心的管理。任何人在感情上都需要尊重、信任和理解，知识分子在这方面尤为突出。教职工受到尊重、信任和理解时，他们才会"士为知己者死"，才会自觉遵守规章制度，自觉接受约束。所以要从调动教职工的积极性、能动性着手，采取多种激励手段，如目标激励、荣誉激励、信任激励、情感激励等。多为教职工提供实现志向和发挥才能的机会，多给教职工一些"感情投资"。

2. 服从与协调

在处理人际关系上，往往有两种截然不同的态度：一种是一味要求下级服从，强调教职工听话；另一种是讲究民主，注意协调，以协调促服从。一个人人赞颂的领导，除了关注教师的教学工作外，更应该关心教师的生活、教师的情绪，真正做到爱护教职工，进行心理换位，将心比心，设身处地地考虑教职工在工作、学习、生活上的问题，随时注意调节各方面的关系，以取得协调配合。从身边的小事关心教师，才能达到管理的完美与人性化，才是一种理想的境界。

3. 使用与培养

以人为本的学校管理，对人管理的一个重要工作，要研究对人的使用和培养。教师队伍的培养是办好学校、提高教育教学质量的核心问题，要用人必立足于育人。要树立学校职能新观念，把培养教师作为学校的重要职能之一，改革现行学校只培养学生的单一职能的管理体制。必须确立"素质教育首先是对教师素质的教育"的观念，认真分析本校教师素质状况，把培养教师列入行政议事日程和工作计划，使学校培养学生和培养教师两项工作一起抓，满足个人和社会发展的永恒要求。要根据学校具体情况，采取形式多样、行之有效的培养、培训措施，特别要注意把培养年轻教师和骨干教师作为重点来抓。特别是随着知识经济时代的到来，知识更新的节奏迅速加快，学习的概念与范围扩大了，成为历经个人生命全程的活动。"终生学习"在时间上扩展到人的一生，在空间上将拓展到整个社会。笔者认为，培养与使用这两者之间的关系应是立足培养，在培养中使用。

4. 求同与存异

在做人的工作时，经常会碰到求同存异这个问题。即在细节问题和局部问题上允许存异，在原则问题和全局问题上必须求同。一所学校，思想工作做得再细，管理制度再好，矛盾和不同意见总是存在的，不必大惊小怪。教职工的思想有多种多样，个性也是各不相同的，根本的问题在能否坚持在大事上讲原则讲求同，不怕得罪一些人；在小事上，容人之短，谅人之过，允许存异。平时要注意了解教职工的工作特点、心理特点和个性特点，讲究管理艺术，处理事情要允许存异，造就一个既有全局上的同，又有局部上的异，既有整体的统一，又有个性的发展这样一个良好的局面。

（二）人性化：对学生的管理

在对学生教育管理中，要重视教育对人的发展的价值，着眼于人（这里指学生）的全面发展、个性化发展与和谐发展。现代教师应以学生为主体，将自己作为学生发展的推动者，应从以下几个方面着手。

1. 教育的人性化服务

教育的本质是服务。"适应学生发展的教育是最好的教育"。因此，人性化的教育服务，要求师生关系的重新抉择、心理环境的全力改善，要求充分尊重学生的主体地位，尊重学生的情感、需要及意志，相信学生的潜力和发展潜能，真正视学生为个体与主体，民主、平等地善待学生，引领学生积极地投入；教师不急于发表自己的导向性意见，而是首先倾听学生的各种看法；不强求学生接受学校与教师的立场，而是鼓励学生提出自己的观点；不对学生予以一锤定音的裁决，而是进行富于启发价值的评价；不是对学生个性的完全否决或赞赏，而是引导学生往正确的方向发展。

2. 充分尊重学生个性

教学实践证明：人各有长，各有禀性天赋，各有不同的兴趣爱好。因此，现代教育就要正视学生的个性，正视学生的主体地位，"相信每一个""尊重每一个""研究每一个""发展每一个"。教育活动中注重因势利导、因材施教，使其禀性天赋得到充分的张扬与发挥，使其兴趣爱好得到充分的个性化发展。这样，教育应随其天性，张扬个性，以社会需求为导向，以学生的个性为根本，走多样化人才培养之路。

3. 自身拥有独特的个性

现代教育中，教师既是知识的传授者，又是学生自立学习的引导者、能力的培养者、创新意识的激发者，教师的思维方式、行为方法、人格力量无时无刻在影响着学生。同时，教师还是个性化的演员、演讲者、主持人、指导者，需要营造一个令学生愉快的学习氛围。教师应不满足于现在的经验和结论，敢于突破老框框而独辟蹊径，标新立异；敢于怀疑，敢于发表可能会引起争议的观点，敢于坚持自己独特的见解并形成与众不同的教学风格和特色。还应具有较高的心理成熟度，有比较高的自我期望值，不怕挫折，善于调节自己的心理。

4. 教学手段的现代化

信息时代，教育要跟上时代的步伐，不仅要在教学内容上进行革新，同时，在教育技术与教育手段上也要紧紧跟上。多媒体使教学变得生动、直观、形象，这不仅可以使课堂教学的气氛变得轻松愉快，还能够吸引学生的注意力、培养学生的想象力，提高学生理解的速度和质量，从而提高课堂效率，获取新知识、扩充新知识、更新知识，以适应知识成倍增长对当代教育的要求。还可以使学生在接受教育的时空上有更大的灵活性，而且，多媒体能很好地创设情景，实现人机交互，让学生根据现有问题联系已有的认知结构从而得到发展。教育信息技术电子网络化，使教育的功能和内容实现根本性转变。教育不再是封闭式的课堂和课堂之间的简单叠加，而是实现各个课程教室和功能教室的有机连接。同时，可以在更广阔的范围实现教育资源共享。

参考文献

王大中 . 关于在中国建设世界一流大学的若干问题 [J]. 中国大学教学，2000（1）.

龙献忠 . 人本化：高等教育管理的本质 [J]. 理工高教研究，2004（2）.

社会学本科专业人才的需求分析与培养方案制订

——以湖北民族学院为例 *

谭贤楚　　刘伦文

摘　要：顺应社会的新变化，科学制订人才培养方案已成为提高大学教学质量的重要途径。在较好地把握人才需求状况的基础上，结合相关院校社会学本科专业人才培养方案，以湖北民族学院为例，合理修订了社会学专业人才培养方案，指出课程群的合理构建及其建设是制订人才培养方案的关键。

关键词：培养方案；需求状况；社会学专业；课程群；课程结构

为了贯彻《国家中长期教育改革和发展纲要（2010—2020 年）》与《湖北省中长期教育改革和发展纲要（2010—2020 年）》等文件精神，落实《湖北民族学院"十二五"发展规划》，按照湖北民族学院的总体部署，根据教务处和法学院的工作安排，全面推进社会学专业人才培养模式改革与创新，从 2011 年 7 月下旬开始对社会学专业的人才培养方案的修订开展了一系列调研工作，为社会学专业人才培养方案的修订提供基本依据，以构建适应社会发展的应用型创新人才培养模式及体系。

＊　本文原载于《学园》2013 年第 20 期。

一、社会学本科专业人才需求状况

（一）发展现状

根据社会发展和专业拓展的的现实条件和需要，2004 年 9 月，湖北民族学院迎来了第一届社会学专业新生。经过 9 年来的积累与发展，社会学专业的设置已经能够符合时代发展的总体趋势，能适应信息社会对社会学专业人才的巨大需求，已发展成为一个基础条件较好、教学水平较高、办学实力较强、教学管理规范、专业特色鲜明、发展前景良好的本科专业。社会学专业在以后的发展中，要在积极探索专业实践经验的基础上，不断总结、反思工作中的不足，以谋求社会学专业的较快发展。

（二）近三年毕业生就业情况

1. 就业状况

从整体上看，社会学专业毕业生近三年的就业状况比较好，其主要就发展途径有考研进修，考取公务员、村干部、就职于各种企业，选择支教等就业道路，平均就业率都在 85% 以上。比如 2012 届社会学专业毕业生考取研究生 6 人，有 30 人找到工作，就业率达 82%。

2. 学生对当前就业形势的看法

调研结果显示：在大学生就业形势严峻的大背景下，学生对当前就业形势不太乐观，这是一个值得注意的问题。当问到"你认为解决就业问题的有效方法"时，有 46.60% 的大学生认为"调整个人心态，降低择业标准"；有 44.60% 的大学生要求"政府相关政策的支持"；还有 30.40% 的大学生希望"学校与社会提供更好的就业指导和服务"，35.80% 的大学生希望"在大学期间重视自身能力的全面培养"。

3. 人才需求分析

时代和社会发展的需要是社会学发展的永久生命力，中国社会主义现代化及小康社会建设实践是中国社会学发展的根基。据有关资料预测，社会学专业人才在 21 世纪的中国将成为深受欢迎的人才，未来的社会发展需要大量的有社会学知识和技能的专门人才，社会学专业人才潜在的巨大需求为社会学人才的培养带来新的机遇。

（1）社会学专业毕业生的需求情况分析。社会学在我国是个新兴专业、紧缺专业，就学科性质而言，其专业性似乎不是特别强，没有特别对口的、大的职业渠道，因而，其社会的认知度也还有待提高。但是，调研表明，由于社会的发展和社会学学科的综合性、应用型等特征，知识涉及面比较广，就业的路子还是比较宽的。据统计，社会学专业毕业生的就业方向主要有："国家公务员（含村干部）、编辑、教师、企业主管、办公室秘书、销售人员、市场调研、政策评估与咨询、人力资源管理助理、市场信息员等"。

（2）社会对该专业毕业生的素质、能力要求。秉承现代教育理念，以"德育为先、能力导向、提升素质"为原则，社会学专业主要培养德智体全面发展的掌握社会学基本理论、基本知识和基本技能的专门人才。本科生课程设置和教学方法主要培养学生具有应用社会学理论、社会学的调查方法和社会统计学知识综合地分析社会问题的能力，培养全面掌握社会学基础理论与调查研究基本知识，初步具备一定的科学认识、研究社会的基本能力和创新意识，能够在党政机关、科研、教育、文化等事业单位、企事业单位、社会团体胜任调查研究与数据分析、政策研究与决策咨询、社会管理与规划、社会工作与服务等工作的高素质复合应用型人才。

二、调研与借鉴情况

（一）基本情况概述

本次专业调研采取网上收集材料及走访相关院校社会学专业的主要就业单位等方式。从收集到的高校培养方案及调研资料分析来看，似乎也没有发现令人耳目一新的内容。也有可能各所学校在教学内容、教学手段、专业知识上有差别。也许在督促引导学生自学方面、学校提供的信息方面、在学校整体氛围熏陶等方面有差别。具体走访的学校有南京大学、中山大学、南京师范大学、武汉大学等；电话咨询了浙江大学、中南财经政法大学、广西民族大学等学校的培养方案和评论意见，从网上收集了 10 余所学校的培养方案。同时，利用开会和本院老师读博的条件，了解武汉大学、吉林大学、青岛大学、贵州大学等高校社会学专业的培养方案和专业教师的意见。调研学校时有意识考虑学校的多样性和代表性，即东中西部高校及综合性大学的社会学专业。

（二）其他学校的培养方案分析

国外高校社会学专业的培养方案和我们有很大的差异，不易比较，但是方案中体现的思路还是有一些启发意义，一些相关的论文分析对做好修订也大有帮助。下面主要以国内高校社会学专业为例来加以分析讨论。

1. 专业的学分数不完全一致

学分数较多的约 180 分，如华中农业大学的 173 分；学分中等的约 155 分，如华东师范大学的 160 分、中山大学的 155 分，150 分的有北京大学、中央民族大学、南京大学等；有的学校甚至都不到 150 分，如武汉大学社会学的学分只有 140 分。多数高校的学分在 150 分左右。

2.课程设置的组合方式形式多样，但其实质基本相近

尽管名称有差异大概可以分成四类：公共基础课、专业课（含选修课）、特色课及实践环节。

三、社会学本科人才培养方案的制订

（一）总体思路

以科学发展观为总领，紧密结合少数民族地区与区域社会经济发展对人才的需求，秉承"育人为本、德育为先、能力为重与全面发展"的教育理念，坚持"适度扩大规模、着力提升内涵"的原则，按照"夯实基础、拓宽口径、强化实践、注重创新、突出应用、分类培养"的基本思路，着力构建具有专业理念先进、特色鲜明的多层次应用创新型人才培养方案。

（二）专业培养目标及依据

1.培养目标

社会学本科专业要"立足湖北，着眼少数民族地区，辐射全国"，培养适应社会主义和谐社会建设需要，掌握社会学的基本理论及知识，具备较扎实的社会学理论知识与较熟练的社会调查等技能，能在民政、劳动、社会保障和卫生管理部门以及工会、青年、妇女等社会组织和机构从事社会调查研究、社会保障、政策研究、行政管理、社区发展规划与管理、社会服务、评估与操作等工作；又可在企业或媒体行业从事市场调查与分析、社会调查、公共关系以及新闻传播与策划等工作；也可继续攻读社会学及其相关专业硕士学位或到教育部门从事教学、科研和管理工作的创新型、应用型、复合型人才。

2. 基本依据

（1）社会学专业知识结构的基本要求。根据社会学专业毕业生应具备的知识结构，以学校的《人才培养方案修订指导意见》为基础，其实现路径表现为设置"通识课、学科基础课、专业核心课与个性模块课"。

（2）社会学专业毕业生的能力结构。以国家对合格大学生的基本要求为基础，通过专业训练来培养学生的学习能力、实践能力与创新能力。

（3）大学生素质结构的要求。通过培育，使社会学专业学生具备良好的道德素质、专业素质与身体素质等，促使其在德智体美劳等方面得到全面发展。

（三）课程结构

1. 课程设置模块化

社会学专业的课程设置按模块的形式进行，基本思路是：按通识通修课程模块、学科基础课程模块、专业核心课程模块与个性课程模块四大类来设计。

2. 课程的基本结构

（1）通识必修课以学校的基本安排为准，其课程模块主要由道德修养课程、英语课程、计算机课程与体育课程等构成。

（2）学科基础课以专业能力训练为基础，主要由社会学概论、逻辑学、社会调查研究方法与社会统计学等14门课程构成。

（3）专业核心课主要在于培养学生的专业能力与素质，主要由国外社会学理论、社会调查实践与社会心理学等13门课程构成。

（4）个性模块课程主要由"方向课与能力提高课程"构成。

四、对策建议

（一）积极实施课程改革，探索实践教学新模式

通过多年实践，其做法主要包括：①积极探索"学科基础采用大班，专业核心课与个性模块课采用小班"的教学模式；②进一步加强课程教学改革，积极把学术研究成果渗透到教学过程中；③改进课程考核方式，在核心课程中积极探索考核的新模式；④进一步加强实践教学，增加《社会调查实践》课程。

（二）开设特色课程，提升综合与独立能力

虽然我们的培养是专业培养，但是有相当一部分学生从事的工作与专业关系不大，当然也有一部分学生从事的工作与专业联系紧密。这两类不同的单位对毕业生的评价和期待差异很大。比如，普通管理岗位到底需要哪些专门的需要培养的知识和技能，是写作还是调研能力，都值得思考。因此，训练学生的独立能力很关键。

（三）加强职业技能训练，提升人际交往等实际能力

实践表明，学生"就业能力的提升，善于人际交往"，不能仅靠培养达成，也不是开设一、两门课所能解决的。这就有必要从大一就对新生进行有效地引导和职业技能训练。值得注意的是，这里并不排除利用几种方式来训练并增强学生特定的能力，比如说开设就业指导课增强学生的就业与危机意识；鼓励学生发展文娱、体育等特长，对一个刚进单位的毕业生参与和融入就业单位的各种活动中是具有意义的。

（四）科学构建课程群，理顺课程间的关系

秉承"课程群"的建设理念，把握开设课程前后次序等的内在关系，明确课程群及其课程对学生综合素质与实践能力的训练培养。其主要做法是：①通过课程群的建设，加强通识教育基础，打通学科基础课程，夯实专业基础，力图构建具有专业理念先进、特色鲜明的多层次应用创新型人才培养方案；②减少一定的必修学分和课内学时，调整一些课程的顺序，增个性模块课程；③加强实践性教学，设置有特色的《社会调查实践》《人类行为与社会环境》等课程。

本次人才方案的修订是在学校、教务处和法学院的指导下，通过社会学专业教师深入地讨论和商榷，进行了广泛的民主调查，在借鉴国内相关院校社会学人才培养方案的基础上逐步完成的。修订后的专业人才培养方案与教务处的《关于修订2013版本科人才培养方案的指导性意见》的符合度较高。"凡事预则立，不预则废"。我们深信，通过对社会学专业人才培养方案的修订，必定会使得会学的人才培养和教学管理上一个新的台阶。

基于"互动"的自主学习模式研究
——大学学习的一种有效模式 *

谭贤楚　　刘伦文

摘　要： 随着现代化的推进及社会的进步，大学应如何进行改革已成为人们关注的焦点。基于社会学的视角，结合教学实践阐述了自主学习的内涵，分析了大学自主学习模式的运作机理及应注意的问题，指出基于"互动"的自主学习是大学学习的一种有效模式，进而提出了相应的建设性建议。

关键词： 学习互动；自主学习；运作机理；对策研究

随着市场经济的完善和社会的进步，知识经济已见端倪，市场竞争日趋激烈。在这样的背景下，社会需要的是具有创新精神和实践能力的符合型、综合型、创造型人才。学生的创新精神和实践能力不仅是其适应社会、就业的敲门砖和撒手锏，而且已成为社会选拔人才的重要标准。正因为如此，在知识经济时代如何有效进行大学教育教学改革已成为人们关注的一个热点。迄今为止，关于"大学教育教学改革"已发表了一些相关文章，但大都只是从"教师应如何"或者"学生应怎么样"来讨论的，这较好地推动了大学的教育教学改革。而事实上，学生的培养是在"教师与学生互动"

---

* 本文原载于《出国与就业》2009 年第 9 期。

的过程中完成的，这要求我们不仅要研究教师的"教"，更要研究基于教师"教"的学生的"学"，二者是相辅相成的，只有把这二者有机结合起来才能真正完成大学教育的使命。结合多年教学实践，笔者以为大学教师的主要职责在基于培育学生完善人格的教学中激发学生的积极性、主动性和创造性，促使学生养成"自主学习"的习惯，从而培养其创新精神和实践能力。因此，"自主学习"是当代大学生有效促进并发展自己的一种战略选择，是大学学习的一种有效模式。

一、学习互动的概念：分析与界定

要理解什么是"学习互动"，就要明确"学习"和"互动"的概念。首先，让我们来看何为"学习"。实践证明，学习不仅是一种复杂的个体心理现象，而且是一种能动的社会实践活动。我国著名教育心理学家潘菽认为学习是指"在社会生活实践中，以语言为中介，自觉地、积极主动地掌握社会的和个体的经验的过程"。可见，大学生的学习是指学生基于主体性在教师的主导下有计划、有组织、有目的地较系统接受和掌握前人所积累的文化科学知识并陶冶自己情操的过程，其内容主要体现在"知识的掌握和技能的形成、智能的开发和非智力因素的发展、人格培育及完善"等三个方面，其本质在于使学生形成适应社会的心智和技能。那么，什么是"互动"呢？从社会学的角度看，所谓互动就是指个体与个体、个体与组织、组织与组织之间基于信息的传递而发生的相互依赖性的社会交往活动。古人亦云："教学相长"。基于这种考虑，"学习互动"或许可以界定为"基于各种学习信息的传递和获取而发生在教师与学生之间的相互依赖性的创造性实践活动，是一个系统的动态演进过程"。而大学是大学生通过求学来培养自己适应快速变化社会的能力并使其人格完善的主要场所，所以大学生在学校生活中学会"互动学习"是很有必要的，特别是在知识歼击机时代的今天显得甚为必要和迫切。当然，值得注意的是，"学习互动"不仅仅是学生自身的事情，教师的有效引导也是至关重要的，其表现主要有"师生互动、生生互动、群体互动"三个层面及其有机结合，其逻辑主线是贯穿于一切教学过程之中的学生主体性的激发与发挥。

二、互动中的自主学习：内涵与运作机理

明确了学习互动的概念，那么，现在的问题是使大学生如何基于互动来进行自主学习。因此，对"自主学习的内涵及其运作机理"准确把握是引导学生有效进行自主学习的关键。自主学习及其方法的掌握不仅是学生个体使自己形成谋生技能和良好品格的有效途径，而且是个体终身学习和发展的基础。

（一）自主学习的内涵

自主学习是西方国家在 20 世纪 70 年代提出的一种学习理论，基于其适用的广泛性，已经较为普遍地在各个学科领域的教学和研究中得到应用（遗憾的是，自主学习在我国的大学教学中似乎未受到足够重视，目前仅在英语教学中得到较多实践，如清华大学、武汉大学等就在英语教学中开展得有声有色）。对于什么是自主学习，可谓是"仁者见仁"，不同学者有着不同的诠释。较早研究并提倡语言自主学习的 Holec 认为自主学习就是指"学生负责自己学习的一种能力"；Little 则认为自主学习"从本质上说是学习者对待学习过程和学习内容的心理关系问题，即一种客观的、评

比性的反思能力、决策能力及采取独立行动的能力";Dickinson 将自主学习定义为"学习的态度和独立学习的能力"。我国学者也对自主学习提出了自己的见解,如郭瑞卿等认为"自主学习就是学习者对学习负责,具有明确的学习目的和积极主动的学习态度,具备参与学习所需要的知识、策略和能力,自信、自理、自律,能够独立进行学习";刘晓东等则认为"自主学习是相对于被动学习而言的,是指学习者在教学条件下'自我导向、自我激励、自我控制'的学习,是由学习者的态度、能力和学习策略等因素综合而形成的一种主导学习的内在机制,是指学习者对自己的学习目标、学习内容、学习方法及使用的学材料的控制能力",等等。虽然这些观点都强调学习者的"自我调节和管理",不同程度地展示了自主学习的本质,然而自主学习并非是学习者单方面的事情,而是一项以"学生为中心"的系统工程,涉及教师、学生、教学资源及管理等因素的协同互动。因此,综合上述观点经理性分析,自主学习或许可以定义为"个体基于自己的主体性(积极性、能动性、创造性)在教师的引导下所进行的一种有计划、有目的、有组织的探求知识以培养自己技能和品格的特定学习实践活动,其本质是基于互动的方式能动建构其心智结构及塑造人格的过程"。可见,自主学习强调的是学习者秉承"互动"的理念对自己心智结构的能动建构,是以学习者自身为主体有效利用各方资源来促使自己的心智结构及人格的完善,而不仅仅是是学习者独立地完成学习任务,也不仅仅指自学。

值得注意的是,这里的"自主学习"是以"互动"为前提的,其效果受到其"内外因素"的影响——内部因素主要是指学生自身的能力和倾向,如自我效能感、目标设置、认知水平、意志等;而外部因素则主要是指教师、教学模式、教学内容、教学管理方式等。基于这种考虑,自主学习的基本特征主要可归纳为以下几个层面：①"互动"的社会实践活动；②学习者主体性的激发与发挥；③基于教师的引导强调学习者的认知、动机、意志和行为等方面的自我调控；④基于各种教学资源的协同，重视学生的"自我反馈"并适时调整等。可见，自主学习的根本目标是基于学生的主体性来谋求其"个性得到全面发展"，这对学生实践创新能力的训练与培养具有不可替代的作用和优势。

（二）自主学习的运作机理

既然"自主学习"是当代大学生使自己的个性得到充分发展以增强适应快速变化社会的能力的有效学习模式，那么，现在的问题是如何引导学生利用"自主学习"来使自己得到有效发展。下面，笔者结合教学实践来说明在大学教学中如何实施"自主学习"模式。

1. "自主学习"模式的理解与学习兴趣的激发和培养

教师应向学生说明并引导学生理解"自主学习"模式的基本内涵，使学生在了解自己学习现状的前提下认识"自主学习"模式及其相关策略对实践创新能力的作用，让学生转变思想观念，积极参与到教学改革活动中来，并接受自主学习训练。接下来便是激发与培养学生的学习兴趣。教学实践证明："兴趣是最好的老师"。但兴趣并不是天生就有的，而是靠后天激发和培养的。因此，在大学教学中学生学习兴趣的激发与培养就显得甚为必要和迫切，这是训练并培养学生自主学习意识的前提和关键。因此，在大学教学中，教师不仅要在课堂上充分运用现代化的教育理念和方法对学生进行启发和诱导，而且要注重对学生课后行为的点拨与引导，有意识地训练培养学生的学习兴趣及自主学习的意识和强烈的求知欲。

2. 自主学习模式的类型

掌握了"自主学习"的内涵，现在让我们来看看其基本类型，这对大学生的自主学习有着有效的引导作用。结合教学实践及理性分析，其基本类型如下。

（1）合作学习，它是基于教育社会学、现代社会心理学等而形成的一种新型的教育教学人际关系的学习模式，其形式有个体合作（教师与学生、学生与学生、教师与教师）学习、群体合作（班级与班级、院系间等）学习、个体群体合作（教师与学生、学生与学生、教师与教师）学习，其有效实施依赖于合作者之间的互动与协作。

（2）基于教师引导的"自学"，这里的自学与传统的自学（即"没有教师指导，自己独立学习"是有区别的，自主学习中的"自学"是指在教师的有效引导下学生独立思考和学习的过程，这是"教师主导、学生主体"思想的重要表现。

（3）研究性学习，它作为自主学习的一种新型学习模式，是指学生基于互动在教师的指导和启发下，从现实社会生活及课程内容中选择和确定专题进行探究，在探索和研究的过程中积极主动地去获取知识、应用知识并解决实际问题的一种创造性学习活动，其核心是"改变学生传统的学习方式，培养学生的创新精神和实践能力"。当然，这里还需要进一步指出的是，有些学者把自学等同于自主学习或者把"研究性学习、合作学习"与自主学习并列，这都是有局限性的，是没有深入理解"自主学习"本质的表现。事实上，自主学习是基于人的个性差异和能动的社会性，着眼于学生的个性及自主发展，强调学习者主体性发挥和独立学习能力及实践创新能力的训练与培养，"互动"是达到这些目标的根本途径。这样，自主学习的上述三种主要方式就不难理解了——研究性学习、合作学习及教师引导的"自学"只是自主学习的表现形式。

3. 掌握自主学习方法，培养良好学习习惯

常言道："授人以鱼，不如授人以渔。"可见，自主学习方法的掌握对提高大学教育教学质量有着至关重要的作用，这是在大学教学中实施自主学习模式的关键。因为，大学教学改革的目标之一就是使学生要从传统的"要我学、学会"向"会学、我要学"转变。结合教学实践及理性分析，笔者认为大学生的自主学习方法主要有。

（1）课前预习归纳法，即通过预习掌握其基本内容，利用工具（网络、学习参考书）等了解相关知识，进而归纳内容的"疑点、难点、重点"，做到听课时能"分清主次、详略得当"。

（2）"学会质疑，注意课堂内外的结合"，教师要引导学生在学习过程中对所学知识要"大胆质疑，不要盲目接受"，要通过争论来提高自己的能力；与此同时，学生还要注重课外学习善于积累材料（如书本批注、读书笔记、剪贴等），逐步养成实践的习惯（调查、讨论等），学会在实践中巩固知识和学习。

（3）自主探究法，教师在课堂上应引导学生对所学材料进行自我思考、反思、归纳，通过"想象、比较、分析"来训练学生的创造性思维，使学生学会研究性学习。

（4）学会"网络学习"，基于计算机信息技术的发展，在知识经济时代利用计算机等网络来进行学习已成为现代最终要的学习方法之一。利用图书馆、文献检索、资料整理等技能是当代学生必备的基本能力，现代化的网络及其发展为大学生的自主学习开辟了广阔的天地等。当然，值得

注意的是，这些自主学习方法并不是孤立的，而是协同统一的。

4.有效实施"自主学习"模式应注意的几个问题

如前所述，虽然"自主学习"的主体是学生自身，但"自主学习"模式是一项复杂的社会系统工程，它涉及"教师、学生、资源、管理等"多方面的协同"互动"。因此，大学要真正为学生营造一个"自主学习"的氛围，有效推动"自主学习"模式，目前似乎应着力做好以下几件事情：

（1）转变教育观念和思想，构建新的教育目标，这就要求教师要基于角色的转换成为学生学习活动的组织者、引导者和协调者，帮助学生明确其学习目标和责任，以激发学生的主体性。

（2）改进教学方法，合理调整教学内容和结构，实现"教学内容的重组与更新"。

（3）完善教学等各种资源（如图书馆、网络、及社团等），为学生的"自主学习"提供便利条件。

（4）进一步改进教学管理模式（如传统的学年制或学年学分制），"创造条件实行学分制度"，让学生在"专业、选修课程、学习年限、考试时间"等方面有自己的自主权，以促使学生的个性得到有效发展等。

当然，在具体实施"自主学习"模式时，这些措施要有机协调配合，不可偏废任何一方。唯其如此，大学的"自主学习"才会真正落在实处。

三、结论及政策含义

实践证明，教育理念的更新与准确定位是一切教学改革成功的先导和关键。基于全球化的深化和市场经济的完善，社会分工和职业体系日趋优化，社会竞争日益激烈，因而"训练与培养学生适应社会的自主实践创新能力"甚为必要和迫切，这不仅是一切教学改革的核心，而且是提高大学教育教学质量的关键。在这样的背景下，现代大学教育的理念应从传统的"知识传授"为主导转移到以"能力培养"为主导的教育模式，这是大学教育改革的逻辑主线和发展的生命线。基于这种分析，大学"自主学习"模式的构建不仅激发了学生学习的主体性，而且训练并培养了学生的自主实践和创新能力，使学生秉承"终身学习"的理念来完善自己的知识结构和技能以适应日新月异的现代社会。因此，"自主学习"是大学学习的一种有效模式，这应引起大学教育研究者和广大教师的广泛关注和重视。

参考文献

教育部人事部.高等教育心理学 [M].北京：高等教育出版社，2003：83-84.

郭瑞卿，温耀峰.外语教学中自主学习能力的培养 [J].中国高教研究，2004（7）：92.

刘晓东，张文皎.论大学生自主学习的动力机制 [J].教育与职业，2006（23）：22.

王淑桢.培养大学生自主学习能力适应学习需要 [J].黑龙江高教，2004（4）：150.

谭贤楚，刘伦文，龙永红.从"知识传授"到"能力培养"：现代高等教育的理念及实践研究 [J].前沿，2008（2）：58.

社会学专业学生学习状况的主观认知调查
——以湖北民族学院为例 *

李萌萌　　刘伦文

摘　要： 高校专业改革除了从教育者管理者的角度出发去思考和探讨，更不可忽视受教育主体——学生的认知和需求。本文从学生的视角出发，通过问卷调查的方式了解社会学专业学生对学习状况的主观认知和他们的需求。调查结果表明培养模式的改革可以从实践课程安排、教师授课及课外活动的安排方面着手。

关键词： 社会学；学习状况；主观认识；改革

在高等教育走向大众化的时代，人们对高等教育的质量产生了忧虑和质疑，同时也促成了各种高等教育从理论到实践方面的思考与改革。回顾相关研究，对高校专业教育与改革的思考和探讨，可以发现学者们主要从教育者和管理者的角度去考虑。大学生作为人才培养的对象，只是被动地接受教育者和管理者既定的培养方法和培养模式。实践证明，这种单向设计的培养方法和培养模式，不能很好地调动学生这一受教育主体的能动性，从而限制了人才培养目标的充分实现。为此，我们从学生主体的视角去思考和探讨目前专业教育存在的问题，试图通过问卷调查研究来了解学生对学业真实认知和需求，以期对人才培养模式改革提供有益的启示。

---

*　本文原载于《四川职业技术学院学报》2016 年第 4 期。

一、调查对象及方法

本次调查选择湖北民族学院社会学专业大一至大四的在校学生作为调查对象，共发放 160 份问卷，回收 160 份，有效问卷 156 份（见表 1）。

表 1　有效问卷基本情况分布

统计结果	性别		独生子女		年级				所在地	
	男	女	是	否	大一	大二	大三	大四	城镇	农村
人数（人）	55	101	49	107	33	29	48	46	45	111
百分比（%）	35.3	64.7	31.4	68.6	21.2	18.6	30.8	29.5	28.8	71.2
总计（人 /%）	156/100		156/100		156/100				156/100	

问卷为自编的"学生专业认知及学习情况调查"，主要从专业认知与学习情况两个维度进行问题设计，内容涉及学习态度、学生行为习惯、学习成绩、学习压力、专业认同等方面主观认知。在问卷调查的基础上，同时也对部分社会学专业学生进行访谈。采用 SPSS17.0 软件进行数据整理分析。

二、结果与分析

（一）学习态度与行为习惯

学生对待学习的态度中，约有 78% 的学生认为自己能自主学习，但有 62% 的学生认为学习过程中缺乏兴趣热情。在上课过程中，有 50% 的学生大部分时间都在认真听老师讲课；28.8% 的学生认为一堂课中只有小部分时间在认真听；认为自己是完全不听课的仅占调查人数的 1.3%；还有 17.9% 的学生是喜欢的课就认真听，不喜欢的就不听。有 22% 左右的学生只求及格，平时怎么不投入学业，只是临时抱佛脚达到及格即可，甚至有些学生认为考不及格也无所谓。从学习态度中的调查中，可以发现，社会学专业的学生对学习的主观态度较好，但仍有部分同学在学习过程中，缺乏对专业学习的热情及兴趣，学习态度不端正（见表2）。

表2 学习态度

学习态度	人数（人）	百分比（%）
积极自主学习，充满兴趣热情	24	15.4
能自主学习，但缺乏兴趣热情	97	62.2
临时抱佛脚，不挂科就行	30	19.2
得过且过，什么都无所谓	5	3.2
总计	156	100.0

通过调查我们发现，课余时间中，有45.5%的学生花费在学习中的时间占课余时间的20%~39%。仅有10%的同学课余大多数时间是花费在学习上的。调研还表明，学生课余时间安排最经常做的事情是上网——在调查中两次被提及为最常做的事情；有57%的同学选择课余时间是上网，另外约有35%的学生选择自习，其次在课余时间较常做的是参加社团活动和兼职。同时，课余时间经常阅读专业书籍的同学仅有7%，另外还有约13%的学生从不阅读专业书籍（见表3）。从学生对课余时间的安排来看，大部分同学认为课余时间就是休息、娱乐的时间，大部分课余时间用于浏览网络信息，较少有学生是用来学习专业知识。只有少部分学生会自觉主动地学习，充分利用课余时间来学习。

表3 课余时间中学习所占的时间

学习时间占课余时间比重（%）	人数（人）	百分比（%）
0~19	32	20.5
20~39	71	45.5
60~79	36	23.1
80 及以上	1	0.6
总计	156	100.0

（二）学业状况与学习压力认知

学生对学业成就认知的自评调查结果表明，有22.4%的学生认为自己的专业课成绩在中等偏上，有4.5%的学生认为自己专业课成绩优秀，57%的学生觉得自己专业课成绩处于中等水平；在综合素质自评中，有5.1%的学生自评为优秀，42.3%的学生自评为良好。值得注意的是学生觉得专业课成绩优秀的，则普遍认为综合成绩也是比较优秀的。但大多数学生对自己的学业评价处于中等水平。对于学习压力的认知，有7.7%的学生认为大学的学习压力很大，36.5%的学生认为压力大，还要50.6%的学生认为压力不大。反映学习压力大的主要原因是考虑到就业压力，感觉所学专业与就业期待存在差距。

（三）专业认同

学生的学习热情和积极性很大程度上来自于对专业的认识，专业认同度越高，也越容易引起同学们的学习兴趣，促进学习情况的改善。调查数据显示，对社会学专业非常感兴趣的占到调查人数的5.8%，比较感兴趣的占到44.2%，有40.4%的学生对专业谈不上兴趣，但也不排斥，仅有3.8%的学生是完全不感兴趣，对社会学专业比较排斥。对专业发展前景看好或比较看好的学生占 50.7%，不太看好或很不看好的学生仅占 14.7%。从以上数据可以看出，近一半同学对社会学专业感兴趣，对专业的发展前景比较看好（见表 4）。

表 4 专业发展前景

发展专业前景	人数（人）	百分比（%）
很看好	21	13.5
比较看好	58	37.2
一般	52	33.3
不太看好	20	12.8
很不看好	3	1.9
不知道	2	1.3
总计	156	100.0

（四）培养模式和课程设置

在学习过程中，课程的设置不仅会直接影响到学生的上课出勤率和课堂效率，同时也会影响到学生对专业、人才培养的看法。通过调查发现，有 48.1% 的学生对课程设置没有意见，但同时也有 31.4% 的同学认为课程设置很不合理，不合理主要体现在两个大的方面，一是实践应用课程安排太少，不能很好地锻炼学生的实践能力；二是专业课程的时间安排不合理，大一专业课程太少，大三大四课程较多。学生对本校社会学专业改革的建议同样也分两大块，一是增加实践课程，注重学生实践能力的培养；二是建议教师授课方式多样化、创新化。从调查结果来看，学生普遍认为社会学专业除了理论课程的学习外，要更多地增加实践课程和实践机会。

三、探讨及启示

学生作为受教育的主体，学习情况不仅反映着学生对学习、专业的认识和态度，同时在一定程度上也反映着专业设置和人才培养的情况。结合学生主观认知的调查分析我们可以发现，针对湖北民族学院社会学专业学生的学习情况，我们还需注重以下几个方面。

（1）从课堂方面来讲，更加注重专业课程设置的合理性问题。社会学专业作为一门应用性较强的学科，所涵盖的知识面较宽，在专业课程的设置方面就要十分注重，哪些课程该设置，安排在什么时间段更合理，让学生更易接受。在调查中，就有部分同学反映目前的课程设置还有待完善，尤其是要加强实践课的课时及训练。另外就是教师授课的方式和学生对待课程的态度方面。希望能加强课堂上师生的互动，将社会时事热点等例子带入课堂，与课程内容相结合；学生对待考查课和考试课的态度有很大区别，大家普遍认为考查课没有考试课重要，因而在投入的时间精力和态度方面也有较大不同。这些问题都是在专业课程设置时应该重视的问题。

（2）从课外时间的利用情况来看，课外时间的安排和利用对学生大学的学习和生活影响很大。调查中可以发现，课余时间除了上网之外，很多同学期望能参加与专业比较接近的课外活动，例如实践调查类、知识竞赛类的活动。在"课外时间"，若能开展一些既锻炼专业能力、又深受学生喜欢的活动，那么学生的"课外时间"不仅丰富有意义，而且还能提升学生的学习兴趣。

（3）在教给学生知识的同时，还要注重转变学生的一些思想观念。很多同学受家庭、社会的影响，认为上大学就是为了找到一份好的工作。

在调查中发现，同学们认为读大学压力大，其最主要的原因也是因为就业，担心大学毕业后找不到一份好的工作。因受家庭、社会等因素的影响，使得学生在学习中越来越注重功利性和实用性，认为接受大学教育的目的就是为了找到一份好的工作。作为传道授业解惑的大学教师，在教授学生知识的同时，还要帮助学生树立正确的价值观念及思想观念。

从学生对自身学习情况的主观认知的调查中，可以发现学生对社会学专业的认同处于较认同的程度，这就提示我们在专业改革的时候，要考虑通过各种方式和途径不断提高学生的专业认同度，提升学生的学习状况和学习效果。结合学生主观认知调查的实际情况，可对社会学专业的教学改进的路径进入如下思考。

（1）是实践课程方面，可考虑将实践课程设置在相应的方法理论课程之后，同时安排集中的几周进行课外的实践课程，另外安排专业教师带队指导学生的实践课程，确保实践课程的效果。

（2）是教师授课方面，转变传统的"教—学"授课方式，充分发挥学生的主观能动性，引导学生积极参与课堂讨论、辩论；教师在授课时，注重引入时政案例，同时也积极创新授课方式，例如合理引入赏课、MOOC等新的教学方式，提升教学效果。

参考文献

史秋衡，文静. 大学生学习情况调查的要素解析 [J]. 中国高等教育评论，2012.

刘朝晖. 大学生学习情况调查 [J]. 科教纵横，2012.

社会学专业学生研究性学习机制的构建

——以湖北民族学院社会学专业为例 *

张明波

摘　要： 社会学专业是一门既注重理论思维又密切关注社会现实的科学。研究性学习机制对于社会学专业学生素质的培养尤其重要。本文结合湖北民族学院社会学专业学生研究性学习机制构建的实践，对该院形成的以学生问题意识培养为核心，以学生科研立项和社会实践基地为平台，以社会调查、素质拓展、社区实习为主要形式的机制进行了探讨。

关键词： 社会学专业；研究性学习机制；素质拓展

研究性学习是提高学生素质的必然要求，积极寻求研究性学习的路径是拓展学生素质的重要途径，是素质教育的内在要求。社会学是"关于社会良性运行和协调发展的条件和机制的综合性的具体社会科学"。以"缩减社会代价，促进社会进步"为宗旨，更加需要社会学专业学生培养研究性学习的能力，湖北民族学院自该专业招生以来高度重视社会学专业学生研究性学习机制的构建，在教学和实践中勇于探索，取得了一些成绩。

一、研究性学习机制的核心——问题意识的培养

问题源自于思考，不会质疑的学生只能被动接受，问题意识是研究性

＊　本文原载于《长沙民政职业技术学院学报》2010 年第 4 期。

学习能力的体现。卢梭曾说过："问题不在于告诉他一个真理，而在于教他怎样发现真理"。社会学把社会作为研究对象，它需要我们有敏锐的问题意识和深刻思考能力，需要在常人习以为常的地方发现问题，需要培养社会学的想象力。正如米尔斯所说："现在，人们经常觉得他们的私人生活充满了陷阱"。他同时指出，一般人缺乏"那些领会个人与社会之间，个人生活与历史之间，自我与世界之间的相互作用不可或缺的心智方面的品质，他们并不具备"。这种能力便是米尔斯讲的"社会学的想象力"，在笔者看来这便是一种敏锐的问题意识。因此，对于社会学专业的学生来讲问题意识更为重要。

问题意识的培养来源于对专业扎实的学习，绝对不是靠凭空思考。在教学中，学院积极引导学生去思考，从社会学的研究对象到社会问题，从元社会理论到分支社会学，从课堂教学到"大学生讲坛"，都始终贯穿着对学生问题意识培养的情结。

近年来，学院积极组织学生成立读书兴趣小组、大学生论坛、大学生讲坛、周末读书会，积极引导学生去观察社会问题，用社会学的视角去思考和分析社会现象和社会问题，培养了学生高度的社会责任感和敏锐的问题意识。比如，学生就留守儿童教育现状、留守老人心理、民族旅游与文化变迁、农民分化与乡村治理等问题进行了深入的调查和讨论，写出了一些优秀的调查报告和论文。在湖北省第六届"挑战杯"课题评审中，学院有1位学生获得三等奖；2位学生获得2007年湖北省优秀科研成果三等奖，即王刚的《武陵山区土家族葬礼文化初探》和曹啸的《文化变迁与土家语传承——捞车河土家族文化与土家语传承》；3位学生获得2008年湖北省优秀学士论文（民族与社会学学院院首届毕业生 39 人，推荐 4 篇，3 篇获奖），题目分别是：《社会资本视角下大学生就业分析——以湖北民族学院 2008 届毕业生为例》《消费中异化现象的社会学分析》《西部地区城郊失地农民权益保障研究——基于 G 村的调查与研究》；2009 年 6 月，学院社会学专业学生赵艺鸿负责的课题《湖北少数民族地区农村生育观念的调查分析——以恩施市芭蕉侗族乡为例》获得湖北省第七届"挑战杯"大学生课外学术科技作品竞赛二等奖，社会学专业学生任锦负责的课题《大学生诚信危机的原因透析及处理措施——以湖北民族学院为例》获得三等奖。这些论文或调研都有敏锐的问题意识，能够紧密结合时代发展的课题，并带有探索性质，这大大地促进了社会学专业学生专业水准的提高。

二、研究性学习机制的平台——科研训练与社会实践基地

（一）学生科研训练

科研能力是衡量大学和教师的重要指标，其实教师的科研水平也应该体现在对学生科研的指导上。目前，大学都比较注重学生科研工作。由共青团中央、中国科协、教育部和全国学联共同主办的全国性的大学生课外学术实践竞赛——"挑战杯"，有力地推进了大学生科研的进展。民族与社会学学院院高度重视学生科研能力的培养，鼓励学生参与教师的课题研究，进行田野调查训练。同时，每年组织教师们搜集有研究价值的课题，汇总后让学生选择立项。引导学生积极参加学校"挑战杯"课题申报，其中 2007 年湖北民族学院文科"挑战杯"共立项 20 项，其中民族学与社会学学院就占了 9 项（见表 1）。

表1　原民族学与社会学学院获奖情况

序号	课题名称	类别（等级）	负责人	年级
1	新合作医疗现状调查及对策分析——以恩施咸丰地区农村为例	挑战杯重点	梅宇	2004
2	关于农村留守儿童隔代家庭教育问题调查与研究	挑战杯重点	陈容	2005
3	乡村家庭文化与儿童社会化研究	挑战杯重点	汤山又	2005
4	恩施高校学生性教育现状及对策探讨	挑战杯重点	宋秀波	2005
5	关于恩施市流浪儿童现状调查以及对策分析	挑战杯重点	余东昊	2004
6	关于金子坝耿家坪村失地农民角色转变的调查研究	挑战杯重点	蔡金锋	2004
7	绿林镇旅游业发展中的问题研究	挑战杯重点	宋程程	2004
8	少数民族地区高校学风状况的调查研究	挑战杯一般	瞿谋	2005
9	文化变迁与织锦工艺传承——捞车河土家族文化与土家族织锦发展现状调查	挑战杯一般	曹啸	2005

可见，学生选择的一些课题都很有现实意义，特别令人高兴的是他们能够利用社会学的理论和方法去观察和分析社会现象和社会问题，在教师们的指导下，这些课题都已经顺利结题。为了让更多的学生得到资助，学院每年至少拿出5000元资助学生进行课题立项，2008年秋季已经启动"民社杯"课题立项。同时，学院每年举办论文大赛，引导学生撰写论文，提高写作水平和研究性学习能力。在刚刚结束的湖北民族学院第二十三届论文大赛中，学院取得文科组前三名的好成绩。目前学院学生在社会学网站上发表论文50多篇，并且在《乌江论丛》和《土家族研究》等刊物上公开发表了多篇学生论文。

特别值得提到的是，2008届39名社会学毕业生中有4名以优异的成绩考取了西安交通大学、中央民族大学等重点大学硕士研究生，通过研究发现他们在校期间都积极参与了社会调查和课题研究，如覃春立撰写的《关于湖北民院大学生业余时间安排》和徐苗撰写的《湖北民族学院学生肥胖实践与态度》获得学校2007年寒假调查报告一等奖，而罗玲丽的《消费中异化现象的社会学分析》和徐苗的《西部地区城郊失地农民权益保障研究——基于 G 村的调查与研究》获得湖北省 2008 年优秀学士论文三等奖。2009 届社会学的 41 名毕业生中有 10 人分别考取四川大学、华中师范大学、西南大学等重点大学硕士研究生，10 人中 8 人在大学期间获得过校团委组织的"挑战杯"科研项目资助。可见，我们组织的课题研究和社会调查有力地引导学生思考问题，提倡理论与实际相结合，促进了研究水平的提高，也为学生继续深造打下了坚实的基础。

（二）社会实践基地构建

为了培养社会学专业学生积极关注社会现实的习惯，将理论学习与实践技能培养结合起来，学院高度重视社会学专业实践实训基地的构建，已经于恩施市民政局、舞阳坝办事处、桂花园社区、管坡社区、土桥社区、湖北苗寨小茅坡等联合建立社会学专业学生实践基地，推荐社会学专业学生利用课余、寒暑假等时间前去见习和实习，为学生搭建理论学习与实践的桥梁，引导社会学专业学生从社会学视角去观察、体验、思考社区建设，了解中国基层社区，关注弱势群体，思考社会运行和发展中存在的问题和出路，并要求学生在见习、实习的基础上写出调研报告，促使学生更自觉地去学习和思考问题。

三、研究性学习机制的主要形式——社会调查、素质拓展与社区实习

（一）社会调查

社会学是现代性的产物，在创始人孔德那里便倡导将社会学建立在实

证的基础上，从整个社会学发展的历程来看，实证社会学也是占主导的。笔者认为，不管社会学的宗旨和深层次关怀如何界定，社会学都应该深入研究社会现象，分析社会问题，预测社会发展，促进社会治理。这就必须注重社会调查，毛泽东同志说"没有调查就没有发言权"。因此，学院特别注意培养社会学专业学生从实际出发的理论品格，努力培养学生社会调查的技能，帮助学生养成热爱调查的良好习惯。

为此，要求所有学生在寒假和暑假都必须进行社会调查，并规定了相应的学分，作为拿到毕业证的一个指标要求。同时制定详细的考核和评价标准，督促学生真正地进行社会调查。要求老师认真批改调研报告，评选和表彰优秀调研报告。2008年上半年，湖北民族学院校团委从民族与社会学院选拔了一批社会调查经验丰富的学生到各二级学院进行宣讲，从而推动了整个学校社会调查技能的提高。

近几年，我们组织社会学专业学生开展大学生消费调查、大学生寝室文化调查、留守儿童教育调查、返乡农民工再就业障碍调查、农村合作医疗状况调查等，提高了学生的社会调查能力和自主学习能力。

（二）素质拓展

21世纪的竞争是人才的竞争，高校必须适应时代的新要求培养出具有核心竞争力的学生，必须创新人才培养的方式。实践创新人才的培养是现代高等教育的首要目标，创新精神与实践能力是当代大学教育的主旋律。正是基于这样的思考，学院高度重视学生创新能力的培养，积极构建学生素质拓展的载体。正如有的学者指出："大学生素质拓展的主要内容是以开发大学生人力资源为着力点，进一步整合深化教学主渠道外有助于学生提高综合素质的各种活动和工作项目，在思想政治与道德素养、社会实践与志愿服务、学术科技与创新创业、文化艺术与身心发展、社团活动与社会工作、技能培训等六个方面引导和帮助大学生完善智能结构，全面成长"。针对我们的实际情况，不断构建学生素质拓展的载体，如重视学生党支部的思想引领性，提高团委学生会活动的内涵，成立了三大社团，即大学生瞭望社、湖北民族学院社会工作者协会、民族文化研究社，创办了《瞭望学刊》杂志，成功申报了湖北民族学院第一个文科素质拓展基地，成立了学院素质拓展中心，与恩施民政局等部门合作构建学生素质拓展基地等，并基于社会学的理念提出了分层教育机制，注重学生职业规划和就业指导等，为不同兴趣的学生提供不同的素质拓展机会和平台。提高学生观察社会问题的能力，培养他们社会调查的技能，扩大社会网络，增进社会资本，形成了多角度多层面的素质拓展体系，大大提高了学生的核心竞争力。社会学专业毕业的两届学生共 80 人，其中 14 人分别考取四川大学、西安交通大学、中央民族大学、华中师范大学、中南财经政法大学、云南大学等高校的研究生；17 人考取选调生或公务员，9 人考取村干部计划，10 人进入中国移动、联通、携程旅游等大中型企业任职，17 人到中学从事教学工作。就目前的就业形势来看，民族与社会学学院社会学专业学生就业层次比较高、发展势头比较好，得到了用人单位的青睐。

（三）社区实习

为了搭建学生与社会的沟通平台，促进学生社会实践能力的提高，我们结合学院学科和专业的优势，与恩施舞阳办事处桂花园社区、管坡社区、吉心村等联合创建了大学生社会实践基地。学院广大学生利用基地就新农村建设等问题进行调研，到社区开展实习和兼职锻炼，关注弱势群体，提高社工技能。通过这些措施促使学生理论与实践相结合，学以致用，在实践中思考，在研究中学习，大大提高了学生的综合素质。

总之，社会学专业是一门既注重理论思维又密切关注社会现实的科学。研究性学习机制对于社会学专业学生素质的培养尤其重要。我们在实践中总结出来的以学生问题意识培养为核心，以学生科研立项和社会实践基地为平台，以社会调查、素质拓展、社区实习为主要形式的机制促进了社会学专业学生的研究性能力的提高，提高了核心竞争力。

参考文献

郑杭生.社会学概论新修 [M].北京：中国人民大学出版社，2005.

秦初生.卢梭的教学思想对我国教育改革的启示 [J].桂林师范高等专科学校学报，2006（6）：73

米尔斯.社会学的想象力 [M].北京：生活·读书·新知三联书店，2001.

谭贤楚.民族院校实践创新人才培养模式研究 [J].前沿，2009（4）：75-77.

李晓林，谭曙明：高校大学生素质教育浅议 [J].高等教育研究学报，2000（3）.

大学教学应把握好的几个关系

——以《社会问题概论》为例

谭贤楚

摘　要： 面对"双一流"建设和高校"内涵式转型"发展的客观现实背景，如何进行课程教学改革，以提高人才培养质量及其就业能力与社会适应能力，是一个亟待解决的现实和理论问题。本文以《社会问题概论》为例，提出大学教学改革要是一个多维的探索和实践创新过程，秉承"教为不教＋学为创新"的理念，提出了"强化'学科意识'、明确'课程定位'、优化'课程体系'、更新'教学内容'与完善'考核方式'"等建设性的建议。

关键词： 大学教学；多维变革；实践创新；几个关系；对策建议

随着社会经济发展和市场经济的完善，我国的社会经济环境发生了深刻的变化，面对这种现实背景，我国的高等教育就应大力进行教育改革，"实现高等教育的内涵式发展"，以适应经济社会的转型发展与新常态。因此，教育部在 2014 年拉开了"地方本科院校将适应社会经济发展需要，逐步实行转型发展"的序幕，时任副部长鲁昕认为"引导部分地方本科高校转型发展、建设中国特色的应用技术类型高校是国务院的战略部署，是教育领域的一项重大改革"。地方院校要真正提高人才培养质量，就需要结合国情和学校实际进行多维度的教育改革探索和实践创新，着力把握好大学教学中的几个关系。

一、更新"教育观念"，强化"学科意识"

实践证明："教育理念的更新与定位是'人才培养'的各个环节转型的先导"，可以说，科学的"教育理念"是所有教育教学改革成功与否的关键，比如专业和相关课程设置就应与经济社会发展的需求相匹配；培养型实践创新人才的培育应"在淡化专业观念的基础上，强化其创新实践能力"。在新的教育理念下，《社会问题概论》的教学应秉承社会学的学科意识和理念，从社会学的视角去讲授和分析教学内容，使学生在掌握知识和技能的过程中受到社会学的思维训练，引导学生用社会学的眼光和思维去分析社会现象及其问题。把握社会问题，强化学科意识，从而培养学生分析问题、解决问题的能力，以凸显社会学的综合意识、批评意识和整体意识。

二、把握"课程关系"，明确"课程定位"

一般说来，社会学学科是基于社会整体的视角，来研究社会现象及其运行规律的一门基础性与应用性并重的综合性学科。在专业课程教学中，《社会问题概论》是社会学、社会工作和公共管理等专业的一门重要基础课程，根据多年开设《社会问题概论》课程的实践经验，笔者以为应在科学把握专业课程体系的基础上，明确该课程在整体专业课程体系中的定位。

（一）把握课程关系

本课程是学生在学习社会学等专业的基本理论（知识）和方法类课程基础上的后续课程，其预修课程为《社会学概论》《管理学原理》与《社会研究方法》等。《社会学概论与方法》课程重点讲授社会学的基本知识体系及其基本研究方法，《社会问题概论》课程在此基础上重点探讨中国社会问题其对社会发展的影响，引导学生理性地认识社会现象及其问题。

（二）《社会问题概论》课程的定位

本课程属于社会学、社会工作和公共管理等专业的核心课，为社会学专业的 10 门主干课程之一，是一门应用性很强的课程，旨在以中国社会的实际情况为依据，从理论阐释和现实阐释两个角度较系统地讲授社会问题的基本知识和理论，主要包括社会问题概述、精神疾病问题青少年问题、失业问题、贫困问题、老年人问题、农民工问题、民族及宗教问题等内容，使学生较系统地掌握社会问题的研究对象、社会功能、基本概念、主要范畴、主要理论观点，以帮助学生对社会问题及其治理有一个整体的认识。教师在讲授《社会问题概论》课程时，需要给学生讲清社会问题的基本概念和理论及相关知识点，比如有些概念的多种定义，这些不同定义都表明了学者的不同认识及其视角，从而引导学生结合社会发展的客观实际对知识进行批判性吸收，以达到该课程的主要教学目标。

（1）让学生认识中国社会的现状及问题。

（2）培养学生运用社会学方法来分析、解决社会实际问题的能力。

（3）强化学生思维和创新意识，培养其实践能力。

三、合理构建"课程体系"，优化更新"教学内容"

实践证明，合理而科学的课程结构及其体系是提高教学和人才培养质量的重要保障。因此，基于高等教育转型发展和高校内涵式改革的现实背景，构建合理而科学的《社会问题概论》课程体系，显得很有必要。根据这种认识和判断，结合教学实践，《社会问题概论》这门课程可以分为"社会问题的基本知识和理论、社会问题专题介绍与社会问题的治理"三篇，这种课程结构及其体系体现了"认识问题、分析问题、解决问题"的逻辑思路，是符合大学生的认知规律的。同时，课程内容直接关系到教学效果和质量，因而，课程内容的改革也是教学改革的重要环节和中心，其教学内容的优化与更新是提高教学质量的重要保障。因此，课程内容的精选既要保证其学科特性，又要结合经济社会发展的实际与时俱进，以促使学生在掌握社会问题知识和技能的过程中，形成社会学意识和科学的认识价值观。优化更新教学内容，指的是要用现代化的教学理念和思想来把握并整理教材内容，适时并恰当地革新教学内容，在讲课过程中逐步渗透自己的认识和学术见解，从而超越并更新教材的内容，比如在讲"贫困问题"这一章时，既分析了基本认识和相关理论，又指出贫困的性质有待于进一步认识，并结合实际案例分析贫困问题的长期性和特殊性等；在讲"社会问题的治理"这一章时，引导学生正视现实的社会问题，分析并认识了社会问题的治理应具有全球性与战略性眼光等，以深化教学的具体内容。在实际教学过程中，教师要在把握多种教材的基础上，综合其精华部分的内容，根据学生特点和学校特色进行特色教学，比如民族院校《社会问题概论》课程的教学，就可以增加对少数民族地区经济社会发展的问题的讨论，以展示其特色教学内容。除了教材内容外，在教学中还应补充和更新一些学科的最新研究成果，以开阔学生的视野，比如全球性社会问题的认识等。

当然，作为教师除了熟悉本门课程内容之外，还应把握一些相关课程结构及其内容，以便从课程的整体知识结构来把握并优化教学内容，避免重复教学，有效增加课堂教学的知识信息量，从而真正提高教学效率和质量。

四、革新"教学方法"，完善"考核方式"

在《社会问题概论》的教学过程中，教师要"协同采取多种教学方式并适时变更，让学生积极主动参与教学的全过程"，从而培养学生"立体性的视野和丰富的创造性思维"，比如看一个问题，要有多个方面的思考，要有一定的超前意识。首先，教师要针对学生的实际状况，根据教学的内容和教学要求在"讲授法"的基础上，综合运用"启发式（基于"多媒体教学、课外阅读、课堂讨论等"相结合的原则，有效实施"综合"的启发方法）、发现式与归纳总结式"等创造性的立体教学方法，把学生主体、教师主导的"双主"教学思想渗透在教学过程中，因材施教，逐步实现从"传统的知识传授为主导转移到能力与素质培养为主导"的教学模式，这是大学教育的一场深刻变革；其次，在《社会问题概论》课程教学中积极践行"学生参与式"的教学方法，引导学生"参与到教学内容的选择、多元情景教学"等过程中；再次，对学生的学习方法进行指导，积极完善课程考核方式，把"课外实践、写论文和调查报告（包括读书报告）、口试及平时作业"有机结合起来，对学生的成绩进行综合加权评定，较好地训练了学生的创新思维和实践能力。可见，本课程在讲授时，要讲究方法，注意理论联系实际；做好对学生的有效引导，注重培养学生独立分析的能力。

大学教学改革既是一个多维的不断探索和实践创新过程，也是新时期高校及其教师应该关注和探索的新课题，需要教师和学生的共同努力。因此，要真正提高《社会问题概论》课程的教学质量，就要更新教育观念，在把握课程性质和定位的基础上，改变传统的教学模式和方法，更新教学内容，灵活运用多种教学方法，实现教学手段的现代化、多样化，公正而客观地进行课程考核和评价。唯其如此，才能更好地提高学生的综合素养和实践创新能力，激发其学习的积极性、能动性和创造性，为我国社会经济发展培养合格的高质量人才。

参考文献

习近平 . 在中国共产党第十九次全国代表大会上的报告——在中国共产党第十九次全国代表大会上的报告 [M]. 北京：人民出版社，2017：46.

张维 .22 省启动本科高校转型 [N]. 法制日报，2014-12-8（6）.

谭贤楚，等 . 从 "知识传授" 到 "能力培养"：现代高等教育的理念及实践研究 [J]. 前沿，2008（2）：58，59，58.

辛向阳 . 提高人才培养的科学化水平 [N]. 中国青年报，2012-4-9（2）.

李叔君 . 参与式教学方法在《社会学概论》中的应用与实践 [J]. 岱宗学刊，2011（1）：80.

朱力 . 当代中国社会问题 [M]. 北京：社会科学文献出版社，2008.

尚重生 . 当代中国社会问题透视 [M]. 武汉：武汉大学出版社，2007.

李祖超 . 教育激励论 [M]. 北京：中国社会科学出版社，2008.

社会资本与大学生分层培养机制的构建 *

张明波

摘　要：大学生因为社会资本不同而出现"层化"现象，并严重地制约其发展路径选择和就业质量。大学应该针对大学生分层现象，健全分类培养机制，帮助大学生积累社会资本，促进大学生健康成长和理想就业。

关键词：社会资本；大学生；分层培养

一、社会资本理论概述

社会资本概念最早由法国社会学家布迪厄于 1980 年提出，"社会资本是实际或潜在资源的集合体，他们与或多或少制度化了的相互认识与认知的持续关系网络联系在一起……通过集体拥有的资本的支持提供给他的每一个成员"，他关注的是个人通过参与群体活动不断增加的收益以及为了创造这种资源而对社会能力的精心建构。

普特南则将社会资本与民主自治结合起来研究，他认为社会资本主要是社会组织的特征，他强调信任、规范、网络对组织的重要性。林南则认为社会资本是"镶嵌在社会网络中可达到（Accessible）的资源"。作为一名高校教育工作者，笔者更关注的社会资本如何对学生产生影响，目前国

---

* 本文原载于《佳木斯教育学院学报》2012 年第 12 期。

内学术界对此研究不足，更多的的研究仅停留在社会资本对毕业生就业有影响的层面，至于如何缩小社会资本对毕业生的影响则研究不够。而如何从大学生培养的角度来思考的研究则更少，很少有学者将社会资本与大学生分层结合起来进行研究。目前国内对社会资本也没有形成统一的共识，本文重在探析社会资本包括哪些要素及大学生分层培养模式的构建。社会资本一方面是指人与人之间的社会网络，不同人社会网络差别很大，这又对其行动产生影响；另一方面是指在社会网络中每个人是不一样的，有的能够与其他人良性沟通、合作共事、确立信任，而有的则孤僻封闭、难以相处、缺乏信任，不管一个人专业技能有多高，如果这方面存在问题，也必然影响其人生价值的实现。

二、大学生社会资本分层现象

从社会资本视角出发去思考当代大学生培养问题，我们便会发现社会资本的不同使大学生产生了明显了"层化"现象，一部分学生沟通能力强，社会网大，能够很好地处理人际关系，而有的则交往险隘，封闭孤独，疑心重，难以与人相处，甚至出现了严重的人格障碍。同时，社会资本对就业有很大的影响。根据笔者进行学生管理的实践，也发现社会资本丰富的学生在专业选择、竞聘学生干部、社会兼职、实习单位的选择以及就业等方面都有明显优势，主要体现在这些学生有着较大的社会网络，信息渠道多，社会动员能力强。相反某些学生则因为家庭、性格、专业等原因导致他们社会资本贫乏，表现为封闭，交往圈子狭小；信息封闭，缺乏发展机会；社会动员能力差，就业渠道狭窄；自卑胆怯，缺乏闯劲等。而就业单位更乐意聘用社会资本丰富的学生，他们更能为岗位创造价值。

三、社会资本视角下大学生分层培养路径的思考

（一）把握大学生分层现状，实施分层培养机制

在高等教育大众化和价值多元化的今天，即便是同一个专业的学生，他们的人生理想和就业趋向也是极为不同的，往往使同一个专业的学生兴趣多样，人生规划千差万别。在现实的教育教学中，我们往往忽视了学生的差别，试图用刚性的人才培养方案去教育所有的学生，结果导致某些学生厌学情绪严重。以湖北民族学院社会学专业为例，该专业自2004年招生以来，取得了很大的成绩，但是由于学生对专业了解不深，第一志愿报社会学专业的很少，多数是学校调剂的。这导致学生出现严重分化现象，每届学生中约有20%的对社会学专业较感兴趣，可能选择继续攻读社会学或其他相近专业的研究生；约60%左右的学生想报考公务员；约20%的学生会选择到企业工作。在实际的教学活动及过程中，我们发现那些想报考公务员和到企业工作的学生普遍对社会学理论类的课程不感兴趣，对其他课程兴趣也一般，特别是到了大三、大四，一些学生上课往往带着公务员、事业单位招考的训练资料进行学习，甚至逃课去图书馆复习。

（二）积极搭建学生素质拓展平台，搭建社会网络，积累社会资本

《国家中长期教育改革和发展规划纲要（2010—2020年）》强调培养学生应该"坚持能力为重""优化知识结构，丰富社会实践，强化能力培养。"在教学实践中，我们也发现那些热爱参加社会实践，沟通能力强，做事能力强的学生成长得更快。通过实习，他们不仅提高了实际做事能力，而且积累的社会资本也往往对于他们的就业产生了直接促进作用。通过这些实践，相当一批学生扩大了社会网路，积累了社会资本，扩大了信息来源，

其中很多学生因为有社区实习工作经验，在恩施招聘基层干部考试中以优异成绩胜出。这也证实了一些学者的观点："从求职者的角度看，运用社会网络获得职业信息，是一个理性行为。"

（三）完善实践教学制度，构建多层次实习基地，提高学生实践能力和核心竞争力

实践证明，实践教学对于学生能力培养十分重要，各个专业都应该高度重视学生的见习和实习工作。近年来我们学校通过完善《湖北民族学院实习工作管理办法》《湖北民族学院师范教育实习管理细则》等制度，构建多层次实习基地，完善实习方案，严格执行实习计划，加大实习督导，提高了学生的综合水平。特别值得指出是学校的师范专业和医学专业的实习工作扎实严谨，提高了学生的核心竞争力，提高了就业率和就业层次。笔者认为，对于那些不想从事学术研究的学生，学校应该更加注重他们动手能力培养，这必须通过实践教学来实现。在调查研究中，我们也发现很多学生因为在实习单位表现突出，毕业时候顺利留到实习单位工作，特别是师范专业和医学专业的学生居多。从社会学的角度来分析，这其实是学生在实习中建立起来的社会网络产生了作用，能够留下来的往往是与实习单位的领导和同事建立起了信任关系，积极进取，作风过硬的学生。

（四）注重学生情商培养，促使学生积累社会资本

在教育教学中，我们发现那些性格好、人格健全的学生往往积极向上，他们善于接受新事物，敢于迎接挑战，能够很好地与人相处，这些学生参加工作后往往发展得很顺利。因此，笔者觉得情商高低的差异会导致社会资本的差异，表现在某些学生虽然会读书，但是人际交往知识贫乏，沟通

能力低下，社会圈子狭窄，信息封闭，这必然对学生的长远发展产生不利的影响。在当今信息社会，其实不同群体之间已经形成了信息鸿沟。大学生群体也不例外，有的大学生信息资源丰富，有的则较为贫乏。那些情商高，社会网络大，信息渠道广的大学生往往借助镶嵌在网络中的资源得到了更好发展和良性就业。那么怎么才能培养情商呢？笔者认为要注重提高学生的适应性能力，鼓励学生审慎地冒险；不断尝试新鲜事物，培养包容性品质；养成良好的性格，能够与人融洽相处；培养自我控制能力，能够有坚强的意志；李开复在《做最好的自己》一书中也指出，"真正成功的人士并不是仅仅靠知识、创意等外在素质赢得成功的，他们成功的关键在于，他们具备了某些最为根本、最有价值的素质或品格"，他进而提出了"成功同心圆"，即"首先拥有正确的价值观"。"要有正确的人生态度，包括积极、同理心、自信、自省、勇气、胸怀等"。在笔者看来，李开复博士其实也在讲的情商的重要性，情商对人生态度和行为方式有很大的影响，因此学校应该采取措施，重视学生情商的培养，并在此基础上促使学生主动积累社会资本。

四、结语

总之，大学不能回避大学生中实际存在的分化现象，应该引导学生做好人生规划，并在此基础上实施分类培养机制，有针对性地做好不同类别学生的成长指导。基于社会资本对大学生成长和就业的影响，要切实采取措施加强学生社会资本的积累，通过强化实践教学环节，培养学生主动积累社会资本的习惯，从而提高学生的核心竞争力和就业质量。

参考文献

周红云.社会资本：布迪厄、科尔曼和帕特南的比较 [J].经济社会体制比较，2003（4）.

张文宏.社会资本：理论争辩与经验研究 [J].社会学研究，2003（4）.

科尔曼.社会理论的基础：上 [M].北京：社会科学文献出版社，2008：281.

罗家德.社会网分析讲义 [M].北京：社会科学文献出版社，2010：260.

地方院校大学生学习状况与人才培养模式的关系探讨

谭贤楚

摘 要：面对"高校内涵式"转型发展的客观背景，如何改善大学生学习状况，以提高其"人才培养质量"，是地方院校教育改革中的核心议题。基于调研数据，结合相关文献，文章讨论了地方院校大学生的"听课、态度、兴趣与成绩"等学习状况，认为大学生的"学习状况与其人才培养模式之间有着内在的逻辑关联"，并据此提出了相应的政策性建议。

关键词：地方院校；学习状况；S 专业；培养模式；政策建议

一、问题的提出

基于市场经济的日益完善与全球化的深化，我国的社会经济发展已经进入了"新常态"，因而，面对社会经济发展的"新变化"，我国高等教育发展面临着发展的新挑战和新机遇，大学教育要真正提高人才的培养质量，就"必须适应新常态、把握新常态"来进行高等教育革新和实践探索，以"加快教育现代化，办好人民满意的教育……加快一流大学和一流学科建设，实现高等教育内涵式发展"，这既是我国高等教育顺应社会经济发展的现实逻辑，也是为我国社会经济发展培育"合格人才"的必由之路。然而，目前已有针对大学教育改革的研究文献，大都侧重于"教师或学生"方面，"而事实上，学生的培养是在'教师与学生互动'的过程中完成的"，这就要求把高等教育改革当作一项复杂的社会系统工程来看待，既要探讨教师的"教"，又要关注学生的"学"。因此，在新形势下，探讨"大学生学习的基本状况"与"人才培养模式"之间的关系，对"改善大学生的学习状况，以有效提高地方院校的人才培养质量"，具有较强的理论意义和实践价值。

二、研究对象与方法

（一）研究对象

湖北民族学院 S 专业学生的"学习状况"及其"人才培养模式"。

（二）研究方法

本研究以湖北民族学院 S 专业的"学习情况"为逻辑起点，在四个年级中根据"好中差"的基本原则，进行"多阶段"的随机抽样，主要采取"问卷调查""参与观察"与"访谈法"等具体方法，对大学生的基本学习状况进行一种综合研究。本次共发放问卷 165 份，回收问卷 160 份，有效问卷 156 份，有效问卷回收率为 94.5%。其中，大一至大四年级的人数分别为 33 人、29 人、48 人、46 人；男女比例分别为 35.3% 和 64.7%，非独生子女占 68.6%，且 71.2% 的学生来自农村。然后，运用 SPSS 软件来进行统计分析。

三、地方院校大学生的学习状况

（一）"学习状况"的内涵

要有效认识大学生的学习状况，科学把握"学习状况"的基本内涵是关键。那么，究竟什么是"学习状况"呢？首先，让我们来看看什么是"状况"。一般认为，"状况"就是指"情形"，而"情形"则主要指的是"事物呈现出来的样子"。可见，"学习状况"就是指"某一学习者在学习过程中所表现出来的样子"，它通常情况下可以具体表现为"听课状况、学习态度、学习兴趣、逃课率与补考率"等情形，可以说这是学习状况的基本表现。大学生的学习状况指的就是"大学生在学习过程中所表现出来的样子"。

（二）地方院校大学生学习的基本状况：基于湖北民族学院 S 专业的调查

1. 大学生听课的基本状况

课堂是大学生接受知识及其技能训练的根本场所，因而，大学生"听课状态"的好坏将直接影响到"大学人才培养质量"的提高。可见，"听课情况"是表征"大学生学习状况"的一个重要综合性指标。然而，调研结果却表明，地方院校大学生的听课状况不容乐观，令人担忧，其基本情况如表 1 所示。从表中可以看出，"总能够认真听"的大学生仅占 3%，"喜欢的课就认真听或不喜欢听就不听"的学生高达 19.2%（见表 1）。

表 1　大学生的听课状况

听课状态	频率	占比（%）	有效百分比（%）	累计占比（%）
总能认真听	3	1.9	1.9	1.9
大部分时间在认真听	78	50.0	50.0	51.9
小部分时间在认真听	45	28.8	28.8	80.8
不听，自己做其他事情	2	1.3	1.3	82.1
喜欢的课就认真听，不喜欢的不听	28	17.9	17.9	100.0
总计	156	100.0	100.0	

2. 学习态度

教学实践证明："学习态度"既是大学生"学习状况"表征的另一个综合性指标，也是影响大学生"学习状况"的核心因素。通常情况下，"学习态度"与学习动机有着密切的内在关联，它们之间呈现出较强的正相关关系，端正的学习态度源于正确的学习动机。那么，什么是学习动机呢？一般认为，"学习动机"就是指"引起和维持学生学习活动，并使学习活动朝着某一学习目标的内在心理过程或内部心理状态"，而且从整体上讲，"学习动机"越强，其学习的"积极性"也就越高，相应的"学习态度"也就会比较端正。因此，了解大学生的"学习态度"对提高大学生的培养质量具有重要的现实意义和价值。但本研究的调研结果却显示：具有内在动机（有兴趣且主动学习）的大学生只占15.4%；大部分学生缺乏学习兴趣；"临时抱佛脚或得过且过"的学生比例高达22.4%（见表2）。

表 2　大学生的学习态度

学习态度	频率	占比（%）	有效百分比（%）	累计占比（%）
积极自主学习，充满兴趣热情	24	15.4		15.4
能自主学习，但缺乏兴趣热情	97	62.2	62.2	77.6
临时抱佛脚，不挂科就行	30	19.2	19.2	96.8

续表

学习态度	频率	占比（%）	有效百分比（%）	累计占比（%）
得过且过，什么都无所谓	5	3.2	3.2	100.0
总计	156	100.0	100.0	

3. 学习兴趣

相关研究表明，"学习兴趣"是直接影响"大学生学习成绩"的重要因素，然而，在大学教育过程中却似乎被忽视，这应引起人们的广泛重视。事实上，"学习兴趣"是"指一个人对学习的一种积极的认识倾向与情绪状态"。对大学生而言，它在现实的学习过程中，不仅仅表现为课程的学习兴趣，更为重要的是专业兴趣，因为"专业兴趣既可以激发大学生的学习动机，又可以促使大学生产生浓厚的学习兴趣"。因此，结合调研，这里仅就大学生的专业兴趣进行探讨。调研结果显示（见表3），对S专业非常感兴趣的仅占5.8%，比较感兴趣的占44.2%，一般和不感兴趣的则高达50%，这表明S专业学生对本专业的认知和兴趣，有待于进一步提高，这将直接影响到学生的学习兴趣。

表3 对专业的兴趣状况

兴趣状况	频率	占比（%）	有效百分比（%）	累计占比（%）
非常感兴	9	5.8	5.8	5.8
比较感兴趣	69	44.2	44.2	50.0
一般	63	40.4	40.4	90.4
比较不感兴趣	9	5.8	5.8	96.2
完全没兴趣	6	3.8	3.8	100.0
总计	156	100.0	100.0	

4. 专业课程开设状况

教育实践反复证明：人才培养方案中的课程设置状况，对大学生的学习状况有重大影响，一般来说，学生对感兴趣的课程有着较高的积极性，其学习状况往往表现良好。于是，本研究还调查了学生对 S 专业课程设置的认识状况（见表 4、表 5），有 47.4% 的学生不太赞同目前的专业课程开设情况，认为课程设置有利于就业的学生也仅占 33.7%。同时，大部分学生认为比较重要的课程主要有：《社会学概论》《西方社会学理论》《社会统计学》《社会学研究方法》《社会心理学》《经济社会学》《中国社会问题研究》《社区概论》与《发展社会学》等课程。

表 4　专业课程开设的认知状况

认知状况		频率	占比（%）	有效百分比（%）	累计占比（%）
有效数据	非常赞同	16	10.3	10.3	10.3
	比较赞同	66	42.3	42.6	52.9
	一般	62	39.7	40.0	92.9
	比较不赞同	9	5.8	5.8	98.7
	非常不赞同	2	1.3	1.3	100.0
	总计	155	99.4	100.0	
无效数据	系统缺失值	1	0.6		
总计		156	100.0		

表 5　课程设置与就业需求的认知状况

认知状况		频率	占比（%）	有效百分比（%）	累计占比（%）
有效数据	非常赞同	3	1.9	1.9	1.9
	比较赞同	34	21.8	22.1	24.0
	一般	65	41.7	42.2	66.2
	比较不赞同	41	26.3	26.6	92.9
	非常不赞同	11	7.1	7.1	100.0
	总计	154	98.7	100.0	
无效数据	系统缺失值	2	1.3		
总计		156	100.0		

5. 学生的专业课成绩状况

从 S 专业大学毕业生多年的就业状况来看，专业课的成绩状况是反映大学生学习状况的一个重要综合指标，也就是说，大学生的学习状况与其专业成绩有着明显的正相关关系。调研结果显示（见表6）：S 专业大学生"专业成绩"属于中等偏上的只占 36.9%，专业课成绩属于中下水平的大学生比例竟然高达 16%，这与近几年的就业状况是一致的。

表6　专业课成绩状况

专业课成绩	频率	占比（％）	有效百分比（％）	累计占比（％）
优秀	7	5.8	4.5	4.5
中等偏上	35	22.4	22.4	26.9
中等	89	57.1	57.1	84.0
中下水平	24	15.4	15.4	99.4
差	1	0.6	0.6	100.0
总计	156	100.0	100.0	

当然，值得注意的是，"补考率"与"逃课率"也是反映大学生学习状况的重要指标。根据教学科的相关数据，S 专业大学生的《高等数学》《社会统计学》等课程的补考率大约为 5%；同时，根据学生科的学风建设（比如查课堂）相关数据，S 专业大学生的逃课现象也是存在的，且逃课比较明显的是难度较大的课程和自己不喜欢的一些课程。

四、大学生学习状况与人才培养模式的关系

（一）究竟什么是"人才培养模式"

要较好认识大学生学习的基本状况与人才培养模式之间的联系，首先就要把握"人才培养模式"的内涵。然而，"令人遗憾的是相关研究，虽

然冠以'人才培养模式'名目，却较少分析人才培养模式的概念……从而影响了教学质量的真正提高"。综合前人观点，"人才培养模式"主要指的就是"培养各级各类人才所遵循的特定规范和工具"，它在大学教育过程中"往往表现为'人才培养方案（计划）、教学内容及体系、教学方法、考核方式及教学管理方式等'构成的有机系统"，是一个不断演进的动态"社会系统"。

（二）大学生学习状况与人才培养模式的逻辑关联

基于上述"学习状况"与"人才培养模式"的讨论，可知"大学生的学习状况与人才培养模式之间存在一定的内在关联"，二者之间是一种"互动"的促进关系。

1."人才培养模式"对"大学生学习状况"的制约

（1）合理的"课程设置"会直接影响大学生的学习兴趣，会对大学生的学习状况进行有效引导，从而直接影响大学生的学习状况。

（2）"教学内容与教学方法"能够直接激发大学生的学习兴趣；同时，"考核方式"也会对大学生的学习态度产生明显的影响，从而对其学习状况产生直接的影响。

（3）"教学与管理方式"对大学生的学习态度与成绩状况将产生直接的作用，比如严格的课堂考勤制度、考试制度与补考制度等都将直接影响其基本的学习状况。

2."大学生学习状况"对"人才培养模式"的影响

"大学生的学习状况"会反作用于"人才培养模式"，比如受访学生中部分学生的"学习状况"较为"糟糕"，"就业状况"不好，部分学生专业兴趣不高，或者专业个性模块课程与实践课程未能较好训练学生的技能等，就要对"人才培养模式"进行合理的调整。

五、结论及其政策建议

综上所述，地方院校大学生的"听课、态度、兴趣与成绩"等基本学习状况不容乐观，它与"人才培养模式"之间有着内在的逻辑关联，也就是说，地方院校"大学生的学习状况"与其"人才培养模式"之间呈现出明显的正相关关系。基于这种认识，地方高校究竟如何来改善大学生的这种"学习状况"呢？结合实践，综合判断，目前的当务之急在于以下几点。

（1）秉承"德育为先、能力导向"的"教育理念"，遵循"双主——学生主体与教师主导"原则，积极更新"教育观念"，引导学生树立正确的学习动机，强化学生学习兴趣，改变"传统教育的质量观，坚持知识、能力、素质协调发展"，激发学生学习的主体性——"积极性、能动性与创造性"，促使学生逐步形成"我要学"的良好学习习惯。

（2）针对"大学生的学习状况"，优化"课程设置"，逐步"建立以职业本位为基础的应用型人才培养模式"，为改善"大学生的学习状况"提供制度基础。

（3）对"专业的课程结构及其体系进行优化调整"，进一步加强对"大学生'职业生涯'的教育"，这是"高等教育科学发展的一个重要趋势，是高校创新人才培养模式的理性选择"，从而优化"人才培养模式"。

（4）以"师生互动"为纽带，深化"教学内容"改革，进一步改进"教育教学方法"，逐步实现"教为不教，学为创新"的育人目标。

（5）加强"教学管理"改革，比如对教学的评价就"不仅要看教师给学生传授了多少知识和学生掌握知识的情况，更重要的是要看教师在教学过程中是否善于发现和提出问题，启发学生积极思考"；同时，严格规范"考试制度"等。

当然，上述"政策建议"不是孤立的，而是一个有着"内在联系"的有机整体，不可偏废。唯其如此，才可基于"内因与外因的'协同'"，来真正提高"大学生的学习状况"。

参考文献

习近平 . 关于《中共中央关于制定国民经济和社会发展第十三个五年规划的建议》的说明 [J]. 求是，2015（22）：21.

习近平 . 在中国共产党第十九次全国代表大会上的报告——在中国共产党第十九次全国代表大会上的报告 [M]. 北京：人民出版社，2017：45-46.

谭贤楚，刘伦文 . 基于"互动"的学习模式研究——现代大学的有效学习模式 [J]. 出国与就业，2009（9）：74.

中国社会科学院语言研究所 . 现代汉语词典 [M]. 北京：商务印书馆，2009：1117.

陈中永 . 教育心理学 [M]. 呼和浩特：远方出版社，2003：12.

王世林 . 大学生学习兴趣危机现象的产生与对策 [J]. 安庆师范学院学报，1990（4）：99.

寿刘星，袁琦 . 大学生学业成绩与学习兴趣关系研究 [J]. 经营管理者，2009（19）：230.

谭贤楚，刘伦文 . 地方院校社会学本科人才培养模式的优化与实践 [J]. 大学（学术版），2015（5）：31.

谭贤楚，张明波 . 民族院校实践创新人才培养模式研究 [J]. 前沿，2009（4）：74.

罗道全 . 论高等学校创新人才培养模式的构建与实施 [J]. 黄河科技大学学报（社会科学版），2000（2）：38.

冯朝亮，潘晨璟 . 应用型社会学专业人才培养与教学改革新思路 [J]. 黑龙江教育（高教研究与评估），2013（6）：68.

王凤琴，李秀梅.职业生涯教育：高等学校创新人才培养模式的理性选择[J].思想政治

　教育研究，2009，25（3）：8.

唐景莉，等.中外著名大学校长纵论高教"变革的力量"[N].中国教育报，2010-05-06.

民族院校大学生就业问题的实证研究 *

张明波　　李萌萌

摘　要：近年来，大学毕业生就业形势越来越严峻，大学生就业问题已经从"个人问题"转变为"公共问题"。本文通过对一所民族院校大学生就业问题进行抽样调查，结果显示就业观念、综合能力、信息获取和社会资本成为制约大学生就业的主要因素，本文还针对这些因素提出了相应的建议和对策。

关键词：大学生；就业；社会资本；社会学分析

一、研究背景

2013 年全国普通高校毕业生规模为 699 万人，被称为"最难的就业年"。作为一所地方民族院校——湖北民族学院，2014 也非常明显地感受到了就业形势比以往都严峻，无论是从各个二级学院和就业工作部门反馈的信息，还是从与毕业生的访谈中都能深切地感受到就业形势的严峻。那么，制约毕业生就业的因素究竟有哪些？这些因素对毕业生的影响程度如何？这一直是我们想试图了解和把握的问题。为此，本研究就这些问题，对学校 2013 届毕业生进行了调查。

---

*　本文原载于《湖北经济学院学报（人文社科版）》2014 年第 2 期。

二、研究方法

本研究于 2013 年 6 月下旬对湖北民族学院有毕业生的 14 个二级学院进行了抽样调查，对 2013 年各个专业毕业生人数的 10% 进行了定额抽样，由辅导员严格按照各个专业抽样人数将调查问卷发给毕业班班主任，由毕业班班主任利用最后一次集中时间（6 月下旬，各个专业时间不同）随机发给毕业生填写，并当场收回问卷。课题组共发放问卷 346 份，回收 313 份，回收率为 90.5%，有效回收率为 80%。

三、描述性统计

（一）个人信息

调查对象中男生 111 人，占调查人数的 44.6%；女生 138 人，占调查人数的 55.4%。从学历来看，专科、本科生、研究生所占比例依次为 4.8%、91.6% 和 3.6%。从政治面貌来看，249 名被调查者有 110 名是中共党员，所占比例高达 44.2%。从大学期间担任学生干部情况来看，249 人中仅有 33 人表示没有担任过任何干部，其他均表示担任过班级、社团、学院学生组织或学校学生组织干部，累计比例高达 86.7%。

（二）家庭信息

从毕业生父亲学历来看"初中"和"高中或中专"选项分别占了 39.8% 和 32.1%，"大专"和"本科及以上"选项分别占 14.1% 和 4.4%，反映出湖北民族学院 2013 届毕业生父亲学历主要集中在中学学历，受过高等教育的比例不高。从生源地来看，湖北民族学院 2013 届毕业生生源地主要是中部和西部省份，东部省份学生仅仅占 7.6%。

（三）就业信息

从就业情况来看，待业、灵活就业、正式就业、升学和自主创业中，正式就业比例为 31.3%，而待业所占比例还是相对较高（见表 1）。

表 1　被调查者目前的就业情况

就业情况	人数（人）	所占比例（%）
待业	69	27.7%
灵活就业	57	22.9%
正式就业	78	31.3%
升学	29	11.6%
自主创业	8	3.2%
其他	8	3.2%

通过对已经就业的学生（包括正式就业、升学、灵活就业中已经就业的学生和自主创业的学生）调查发现，湖北民族学院 2013 年应届毕业生就业比例最高的工作单位分别为事业单位、私营企业，攻读研究生和考取公务员，所占比例均超过了 10%，而其他就业方式如考取村干部、三支一扶、国有企业等就业方式所占比例相对较低，都低于 10%（见表 2）。

表 2　已就业学生的就业单位性质

就业单位性质	人数（人）	所占比例（%）
公务员	15	10.3%
事业单位	32	21.9%
三支一扶	9	6.2%
村干部	2	1.4%
攻读研究生	29	19.9%
国有企业	8	5.5%
三资企业	5	3.4%
私营企业	30	20.5%
自主创业	9	6.2%
其他	7	4.8%

四、结果与分析

大学生就业是重大的民生问题，涉及万千家庭的福祉和和谐社会的构建，党中央和国务院高度重视大学生就业工作，每年就毕业生就业采取了一系列的政策。影响毕业生就业的因素很多，不仅涉及国际国内经济形势，如金融市场情况、产业结构调整等，也涉及毕业生个人的因素，如所学专业、人际关系、综合能力、核心竞争力等。那么，就一所地方民族院校而言，在毕业生眼中是哪些因素在制约着他们的就业？哪些因素影响程度更严重？就那些找到工作的毕业生而言，他们是靠着什么优势找到工作的？经过抽样调查发现，湖北民族学院2013届毕业生认为影响就业的三大重要因素依次是综合能力、专业和社会关系。同时受访者认为，经验、学校声誉和信息也是影响就业的重要因素。经过调查发现"就业过程中影响最大的人"排在前三位的分别是：父母、朋友、班主任。而针对没有就业毕业生的调查，则发现湖北民族学院毕业生暂时还没就业的原因中，比例相对较高的是"其他原因""考公务员或事业单位是失败了，还想继续准备考试""不想就业，想复习，备考研究生"或"大学期间不够努力，综合能力差，就业受挫"（见表3）。这从另外一个层面揭示出相当多毕业生没有就业是因为观念的原因，他们或许能够找到工作，但是因为想继续深造、想考取公务员或到事业单位工作而不愿意匆忙就业。我们从学校就业部门也了解到湖北民族学院学生最热衷的就业方向就是考取各地考公务员或事业单位，为此有的毕业生宁可毕业后1~3年坚持不懈地参加各种考试而拒绝去找一份力所能及的工作。

表3　暂时还没就业的原因

没就业原因	人数（人）	所占比例（%）
暂时不想就业，还想等等	12	11.7
不想就业，想复习，备考研究生	14	13.6
考公务员或事业单位，但是失败了，还想继续准备考试	28	27.2
专业没有竞争力	9	8.7
大学期间不够努力，综合能力差，就业受挫	13	12.6
其他原因	31	30.1

通过考察毕业生对周围同学成功就业的认识，结果发现毕业生认为最重要的三大因素分别是"能力""有关系"和"信息渠道多"，而"专业好"仅仅排列在第四位（见表4）。

表4　周围同学成功就业的三大因素

成功就业的三大因素	人数（人）	所占比例（%）
专业好	19	18.8
有能力	41	40.6
有关系	34	33.7
信息渠道多	25	24.8
其他	22	21.8

从调查的结果可以看出，这反映了湖北民族学院学生看到了在激烈的就业竞争中"有能力"是硬道理，能够比较理性地看待他人成功就业的原因。这有利于毕业生正确面对就业压力，也有利于明确努力方向。这与其他学者的调查结果有差别，近年来有很多学者通过调查强调关系的重要性，有的指出关系是影响就业第一位的因素。"53%的学生和家长认为能力与关系相比，后者的影响更重要，而24%的大学生认为与自己喜爱的工作无

缘，就是因为自己没有关系"。当然，湖北民族学院也有学生认可"有关系"的重要性，但是认为其影响程度没有"有能力"重要。我们认为，这可能与湖北民族学院所在地近年来交通大发展，学生出去找工作更加便捷有关，也可能与就业政策不断完善，就业信息发布更加快捷有着重要的关系。

五、讨论

（一）社会资本对大学生就业影响的讨论

社会资本最早由布迪厄提出，西方学者科尔曼、普特南、博特、林南、福山等学者都就社会资本的含义进行过定义，但是他们之间存在着分歧。有的侧重社会资本是镶嵌在网络中的"资源"，有的则认为社会资本是组织的特征，有的则认为社会资本是规范。我们认为社会资本是嵌入于行动者社会网络中的资源，这里的网络可以是家族、学校、社团、职业群体、俱乐部等，既可以是正式的网络，也可以是非正式的网络，而资源也是比较宽泛的，但它对网络中的个体或者说行动者的行动有一定的"作用"。马克思指出，人的本质是一切社会关系的总和。任何人的社会行动都离不开社会网络，总是以这样那样的方式与他人发生关系。我国著名社会学家费孝通指出，西方社会是团体格局，而我国社会则是差序格局，差序格局深刻揭示了中国人思维和行动的逻辑，不同的人拥有的社会网络不同，在不同网络中所处的地位也是不同的，自然能够动用的资源、关系也是不同的，行动的结果当然存在差别。

就大学生就业而言，大学生就业也受到其社会关系和社会网络的影响，"社会关系网络和大学生就业的关联性使社会资本在差序格局的社会关系网络中也呈现出差序性"。美国学者格兰诺维特最早进行研究提出，弱关系对找工作更有价值，他所指的弱关系是指由异质性比较高的成员所组成的群体或者圈子。近年来不少学者从社会资本角度研究大学生就业问题，并呼吁要加强大学生社会资本的积累，"大学生应该在不影响学习的情况下，多参加学校活动和实践，提高社交能力，不断扩大自己的社会关系网络"。

本文试图将毕业生的社会资本理解为嵌入于毕业生社会网络中的可以动用的资源。那么，大学生在校期间担任学生干部和参加社会实践可以认识更多的领导、老师、同学，扩大自己的社会交往圈，积累社会资本。而一般而言，大学生的父亲学历越高，其社会网络相应更大，那么理论上来说当学生干部经历和父亲高学历都有助于大学生的就业。而通过对湖北民族学院 2013 届毕业生调查则反映出父亲的学历对大学生就业没有非常明显的影响，但担任学生干部的经历尤其是担任学院或学校学生组织的主要负责人确实对其就业有着促进作用。同时，我们认为要准确测量一个大学生的社会资本是很困难的，如果我们将社会资本理解为嵌入于网络中的资源的话，则应该提醒大学生要注重全面发展，扩大社会网络，善用网络获取信息，积极投入社会实践，认真完成见习和实习工作。因为这些因素会从积极层面扩大大学生的社会资本，有助于促进大学生顺利就业。需要注意的是，我们要摒弃将积累社会资本简单等同于"搞关系"、"拉关系"的庸俗做法。

（二）适应社会要求，提高大学生的核心竞争力

湖北民族学院地处恩施土家族苗族自治州首府恩施市，虽然近年来交

通条件得到了很大改善，但是由于学校的地理位置、办学经费、师资力量等方面的原因，学生的综合能力还不是很强。湖北民族学院毕业生的就业也面临着很多制约因素。从前面的分析可以发现，大学生就业受到多方面的影响。那么，在毕业生的眼中，他们认为学校在人才培养方面还存在哪些需要改进的问题呢？我们的调查结果显示，湖北民族学院大学生就业中面临的最大问题依次是"社会实践经验贫乏""专业竞争力不强""就业信息缺乏"。因此，学校必须积极研究社会经济发展对高校人才培养方式提出的新挑战，及时对学校各个专业人才培养方案进行修订，更新教育教学理念，创新人才培养思路，建立健全人才培养长效机制，提高人才培养质量和核心竞争力。各个专业的人才培养方式都必须顺应新形势，加大师资队伍建设力度，加强师德师风建设，完善政策和制度使老师潜心治学和教书育人。特别要尊重学生需求，从学生的角度出发，引导学生做好职业规划，完善实践教学体系，及时提供就业信息和就业指导，不断借鉴其他高校的先进做法，努力提高学生的综合能力，这不仅有利于学生在激烈的就业竞争中脱颖而出，也有利于学生的长远发展。

（三）大学生成功实现就业的路径思考

从前面的分析中可以看出，大学生就业既与宏观的经济运行有关，也与学校的人才培养方式有关。同时，在调查中我们也发现，除去这些外在的因素影响，同一个专业同一个班主任由相同的专业课老师教育出来的学生的就业能力也是千差万别的。结合问卷调查结果及个案访谈，发现就湖北民族学院毕业生而言，导致一些学生不能顺利就业的原因主要有以下几个方面。

（1）就业观念方面的原因——湖北民族学院相当高比例的学生只想当公务员或去事业单位工作，而这些地方逢进必考，所以很多毕业生宁可选择一次次去考公务员或事业单位，也不愿去其他地方，如企业就业；还有相当多的学生对就业单位的要求比较高，不愿意去基层工作。

（2）综合能力方面存在着差距。相当比例的大学生不太注重实践经验的积累，见习和实习工作没有很好地完成，动手能力差。

（3）寻求就业信息能力不足。在网络迅猛发展的今天，相当多的就业信息都是通过网络发布的，这也包括学校招生就业部门、二级学院学生科、辅导员、班主任经常通过网络、QQ群、短信平台及时发布的就业信息，但是在调查中我们发现一些毕业生主动研究就业政策、主动获取就业信息的能力或者说习惯不足，导致错失很多机会。

（4）不太注重社会资本的积累。正如许多学者分析指出，社会资本对大学生的就业存在着一定的作用，应该鼓励学生积极积累社会资本，促进自己健康成长。

针对以上存在的问题，笔者认为湖北民族学院的学生要成功就业必须做到。

（1）转变就业观念，响应祖国号召，到基层去，到祖国需要的地方去，在基层建功立业，并实现自己的人生价值。

（2）要更加努力学习，打好扎实的专业基础，缩小与名校学生的差距。

（3）必须认识到综合素质的重要性，积极参加学校组织的各类有意义的活动，特别是社会实践活动，拓展自己的综合素质。

（4）在认真学习的同时，积极参加社团组织，积极展示自己，扩大社会网络，积累社会资本，注重潜在资源的发挥。

（5）充分发挥网络的作用，养成积极搜集、鉴别、选择信息的能力，促进自己健康成长和成功就业。

参考文献

梁长武. 积累与动员社会资本：大学生地位获得的重要途径 [J]. 高等农业教育，2006（1）.

吴立保. 社会资本与大学生就业的实证研究综述 [J]. 扬州大学学报（高等教育研究版），2011（3）.

陈成文，邝小军. 就业制度改革过程中社会资本与大学生地位获得研究 [J]. 青年研究，2004（9）.

附录一　湖北省优秀教学成果三等奖总结报告（2013）

多维变革与实践创新：地方院校社会学专业本科人才培养的探索与实践总结报告

谭贤楚　刘伦文　陈心林　张明波　龙永红　王世枚

该成果结合多年教学实践，在社会学专业现有条件和相关教育教学研究的基础上，主要运用"比较、调查、实践"等方法对"方院校社会学专业本科人才的培养"进行了多维度的有益探索和教学实践，认为大学教师的主要职责是在培育学生完善人格的教学中激发学生的积极性、主动性和创造性，促使学生养成"自主学习"的习惯，从而培养其创新精神和实践能力。因此，"多维变革与实践创新：地方院校社会学专业本科人才培养的探索与实践"具有较强的现实意义，较好推动了湖北民族学院社会学专业的发展，提高了学生的综合素质和实践创新能力。

1　成果简介

1.1　成果主要内容

1.1.1　概念的阐释

（1）自主学习的内涵及类型。自主学习是西方国家在20世纪70年代提出的一种学习理论，已经较为普遍地在各个学科领域的教学和研究中得到应用。那么，究竟什么是自主学习呢？综合前人观点，自主学习或许可以定义为"个体基于自己的主体性在教师的引导下所进行的一种有计划、有目的、有组织的探求知识以培养自己技能和品格的特定学习实践活动，其本质是基于互动的方式能动建构其心智结构及塑造人格的过程"，其基本类型主要有：①合作学习；②基于教师引导的"自学"；③研究性学习。当然，这里还需要进一步指出的是，有些学者把自学等同于自主学习或者把"研究性学习、合作学习"与自主学习并列，这都是有其局限性的，是没有较好理解"自主学习"本质和内涵的表现。

（2）实践创新能力的概念。在知识经济时代，地方高校要为当地社会经济发展做出更大贡献，就要顺应时代特征和基本实情来有效实施创新教育。实践证明：实践创新能力不仅是当代大学生就业的敲门砖，更是知识经济的源泉。那么，究竟何谓实践创新能力呢？本研究结合教学实践认为实践创新能力就是指"学生在教师的引导下基于自主学习而获得的适应社会发展需要的一种能独立办事的革新能力——独立的知识应用能力、实践能力、创新能力"，这是由现代社会的复杂性和竞争性所决定的。地方院校的教育改革应突破传统的"复制型"人才培养模式向"应用型、综合型"人才培养模式转变，这是地方院校在新形势下得到有效发展的逻辑主线和内在要求。

1.1.2　内容的展示

（1）以"立足湖北，着眼民族地区，辐射全国"来培育具有创新精神和实践能力的应用型、复合型人才，科学构建课程体系及其设置，实现了课程体系与教学内容、教学环境和教学方法的综合创新。

根据社会学本科专业人才的社会需求，着眼于与时俱进的专业培养目标与规律，探索确立了以培养创新精神和实践能力的应用型、复合型人才的培养目标，通过增加逻辑学、管理学、西方经济学等课程来强化基础，坚持"适度扩大规模、着力提升内涵"的原则，按照"夯实基础、拓宽口径、强化实践、注重创新、突出应用、分类培养"的基本思路，已先后四次修改构建了专业理念先进、特色鲜明的多层次应用创新型人才培养方案及其模式。

（2）以课程建设为突破口，探求专业建设和学科发展规律，培植学科发展的增长点，丰富和完善学科体系。近年来，继续加强社会学专业的课程建设，形成了校级社会学优秀教学团队。社会学作为湖北民族学院重点建设学科，以课程建设为主线，民族社会学已经成为新的学科增长点——民族学二级学科硕士学位点；同时，经过多年的建设，"社会学概论"已建成校级精品课程，"中国社会问题研究"已建成校级优质课程。另外，本专业还从加强师资队伍建设、充分挖掘学生潜能、优化教学软硬件环境与建设等方面入手，为实践创新型人才的培养构建了一个良好的发展平台。

（3）秉承"自主学习"理念，引导学生进行研究性学习、合作学习。根据地方院校学生特点，针对社会学是一门应用性很强的专业，构建了以课堂实践教学为主、校园实践教学和实践教学基地为辅的"三位一体"实践教学模式，激发学生学习兴趣，在教学过程中基于自主学习来引导学生进行研究性学习，倡导合作学习。

（4）以教学内容改革与教学方法改革为基础，使学生的知识结构得到整体优化。

社会学专业自 2004 年开办以来，根据教育部《普通高等学校本科专业目录和专业介绍》和《关于普通高等学校修订本科专业教学计划的原则意见》等文件精神，结合学校的学分制改革和经济社会发展的实际需要，不仅对专业培养方案进行了多次修订，而且基于教学方法的改革在讲课过程中不断重组、更新教学内容，增强了教学的吸引力、感染力，提高了课程的针对性和实效性，使得学生的知识结构得到了整体优化，从而较好地培育了学生适应社会多元化发展的能力。

1.2　多维变革的基本途径

1.2.1　教育理念的更新与实践

有什么样的教育理念，就会有什么样的教学模式和实践。因此，地方院校应基于先进的教育理念来创造性地搞好育人教书工作，如在课堂教学中要基于多媒体教学，通过"启发式、讨论式、参与式"等现代教学方法，把比知识更重要的东西——"获取知识的方法和能力"传授给学生，以培养学生的创新精神和实践能力。

1.2.2　优化课程培养计划，完善人才培养模式

按照"综合性、应用性、实践性"的人才培养导向和目标来优化人才培养模式，科学建构合理的课程体系，使人才培养方案柔性化，其主要做法如下。

（1）构建合理的课程体系，一是要基于"专业基础课的打通"来建立宽口径的公共基础课程平台，打破了不同专业的壁垒，实行跨专业选修；二是构建"模块化"（必修课程模块、专业方向模块、特色课程模块）的专业课程体系。

（2）进一步完善人才培养计划，基于"厚基础、人本化"的原则积极鼓励学生跨学科选修，以培养学生"复合型、创造型"的知识结构和能力结构，使学生的个性得到展示和发展。

（3）构建实践创新教学平台，如通过军事训练、社会调查、学年论文（课程论文）、毕业实习等，强化学生的创新精神和实践能力。

1.2.3 改革课堂教学内容，激发学生学习兴趣

实践证明：课堂教学（方法、内容等）的好坏将直接影响学生实践创新能力的训练与培养。项目成员结合教学实践，认为课堂教学改革主要体现在"教学内容的优化与重组、教学方法的改进与协同"等方面，基于学习方法的训练来培养学生的创新意识和独立思考能力，以增强学生综合运用知识的能力。

1.2.4 秉承"自主学习"理念，改革课程考核方式，引导学生进行自主学习

根据地方院校学生特点，针对社会学应用性很强的专业特性，从两方面进行了改革，一是改进了考核方式，积极探索本科课程考核方式的多元化，如改变闭卷考试为公开汇报答辩、考查形式多样化，努力尝试并践行"教为不教，学为创新"的教学理念；二是构建了以课堂实践教学为主、校园实践教学和实践教学基地为辅的"三位一体"实践教学模式，激发学生学习兴趣，在教学过程中基于自主学习引导学生进行自主学习。

1.2.5 设立本科创新培养基金，积极培养学生实践创新能力

一般说来，本科创新培养基金有"班级（专业）、院级（二级学院）

及校级"三个层次，其目的是有针对性地训练学生的创新能力及实践能力，这是地方院校培养学生创新意识及实践创新能力的有效途径。

1.3 理论意义与推广价值

本项目具有较强的现实意义，不仅能直接服务于教学实践和人才培养，也可为其他院校社会学专业建设提供一定的借鉴。

（1）本项目通过理论研究，认为"从知识传授到能力培养"是高等教育的主旋律，指出"自主学习"是当代大学生的一种有效学习模式。

（2）本项目在教改过程中，打破常规的课程设置，把逻辑学、管理学等列为专业基础课程，可供国内院校借鉴，体现了在当前高等教育改革中值得提倡的创新精神。

（3）本项教改在实践中，极力倡导教学内容的重组、更新与整合，实现教学内容的与时俱进，并取得了较好效果，其经验与思路可供国内院校参考。

1.4 结论及建议

1.4.1 基本结论

综上所述，地方院校基于实施创新教育，培养学生的实践创新能力和社会适应能力，既是时代的要求又是社会发展的迫切需要。因此，地方高校要真正提高人才培养质量，就必须遵循大学生的学习特性和教育规律，进行多维度的综合改革，加强对学生实践创新能力的训练与培养，通过充分发展学生的个性来促使学生得到全面发展。

1.4.2 对策建议

（1）转变教育观念，树立基于能力的"以人为本"（使学生个性得到全面发展）的教育理念；基于新的教育理念，深化教育教学与管理改革。

（2）加强教师队伍建设，提高教师的基本素质（专业知识、教育学知识、心理学知识、教育技术知识等）。

（3）优化专业结构及课程设置体系，改进教学内容及方法；倡导自主学习。

2 研究的特色与创新

该研究基于社会变化及需求，针对目前我国社会学教学及人才培养模式的不足，进行了一些有益的思考，其创新点主要有。

（1）人才培养定位明确、课程设置革新：基于通行的社会学专业课程设置，在保证核心课程的前提下，突破了社会学课程设置的传统模式，增加了逻辑学、管理学等课程，优化了适应地方经济社会发展及现代社会发展需求的人才培养方案；

（2）自主学习的导入：把自主学习概念引入社会学教学改革之中，渗透现代化的教学思想，讨论了自主学习模式对学生实践创新能力的影响；

（3）研究性学习的渗透：积极思考和构建社会学专业学生研究性学习机制，重视调查与实践，引导学生参与各种学术活动等。

（4）实践教学创新：构建了社会学专业课堂实践教学、校内实践与实习基地结合的"三位一体"实践教学模式，坚持实践能力培养的多途径。主要包括：开放式研发型实践教学，基础实验模块化教学，综合性和设计创新性实验互动教学，探究式的校内外集中与分散实习模式同科学素养培育、毕业论文以及就业目标相结合的一体化实践教学等，全面培育学生的综合素养和实践能力创新能力。

3 改革取得的主要成果和成效

（1）激发了学生的学习兴趣，提高了学生的综合素养。学生的到课率、听课率、课堂参与率均在90%以上；考试优秀率明显提高；考研率逐步提高。

（2）提升了教师的教学与学术水平。据教学评教、教学督导的听课打分，专业教师得分都在良好以上，多人次获得优秀教师，有2人获得校级"教学明星奖"。同时，目前已形成了在省属院校中有较强竞争力的发展方向与二级硕士点学科：民族社会学。

（3）推动了课程建设。《社会学概论》2009年已建成校级精品课程（已经申报了省级精品课程），《中国社会问题研究》已建成校级优质课程，教学软环境逐步优化，课程网站有着较大的访问量。

（4）人才培养质量稳步提高，学生屡次竞赛获奖，就业社会信誉度较高。

一是指导学生参加省挑战杯竞赛，目前湖北民族学院挑战杯竞赛共获奖8项，其中有4项为社会学专业学生获得的；同时，积极组织学生进行校级创新项目申报，目前有1人获得省级创新成果三等奖。二是引导学生开展大学生讲坛，办好《瞭望学刊》和《政法学刊》。三是学生就业状况良好，取得了较好的社会评价。

4 课题后续研究需解决的问题

教育实践反复表明：高等教育人才培养的改革与实践是一项复杂的社

会系统工程。通过教学实践，该教学成果虽然取得一定的成绩，但仍然存在一些问题还需要进一步解决，内涵建设任务还很重，其后续研究尚需解决的问题主要有以下几个方面。

（1）根据社会学专业建设与人才培养质量的要求，要不断加强课程体系研究，突出专业特色，进一步优化其专业人才培养方案及其模式。

（2）以优质课程与精品课程建设为示范，以教学方法改革为逻辑主线，加强专业综合课程和校本课程建设，有计划地出版一些有特色的教材。

（3）加强专业实习基地建设，深入开展特色实践活动，增强学生的人文素养，基于其综合素质的提高强化其实践创新能力。

附录二　社会学专业本科教学工作审核评估自评报告（2017）

传承与奋进：发展中的社会学专业
——社会学专业建设十二年历程小记

谭贤楚

社会学专业始建于 2004 年，经过十多年的发展，已成为湖北民族学院品牌专业，现有民族社会学硕士点与社会学本科专业各 1 个，校级教学团队 1 个，校级精品课程 2 门、校级优质课程 1 门，有专兼职教师 13 人（其中硕士生导师 6 人、教授 4 人、副教授 3 人、国家级学会理事 3 人），承担国家级课题 5 项、省部级项目 7 项，获得省部级奖励 7 项，发表论著 200 余篇部（其中 EI、ISTP 收录 9 篇）。

培养目标： 本专业以马克思主义为指导，培育具有较全面的社会学理论和方法知识，有较熟练的社会调查与研究技能，具备从事社会调查研究、社会发展规划与管理、行政管理、新闻传播、企事业组织管理与教学等工作的有实践创新能力的综合应用型人才。

核心课程： 社会学概论、普通逻辑、社会调查研究方法、管理学原理、社会人类学、国外社会学理论、社会统计学、社会心理学、社会工作概论、经济社会学、中国社会问题研究、中国社会思想史、公共管理学与社会调查实训等。

人才培养： 截至 2016 年 7 月，本专业已培养本科生 558 名，学生主持校级、省级科研创新项目 30 余项，参加湖北省大学生科研成果评选、省"挑战杯"大学生课外学术科技作品竞赛与校级大学生学术创新活动共获奖 50 余次，其中获得省级奖励 9 次；获得省级优秀毕业论文 12 篇，公开发表学术论文 30 余篇。

就业优势： 据统计，社会学本科专业毕业生的就业去向主要有：国家公务员、村干部、教师、企业主管、办公秘书、销售人员、市场咨询员、人力资源助理与市场调查员等——就业状况良好，近 3 年来就业率一直位居学校前列，比如 2015—2016 年就业率依次为 95.92%、98.73%。

升学状况： 研究生录取率稳步提升，截至 2016 年，本科毕业生录取硕士研究生 70 余人，毕业硕士生有 4 人继续在北京大学、武汉大学等高校攻读博士学位。

就业质量： 毕业生就业质量较好，得到了用人单位和社会的一致好评，比如 2016 年有 15 人录用为公务员，在全校专业中名列第一；毕业学生中已有科级干部 20 余人，多人在高校任教，部分毕业生已经成为各行各业的骨干和精英人物。

湖北民族学院社会学专业申办于 2004 年，2005 年由教育厅批准正式招生，其专业设置符合时代发展的总体趋势，能适应信息社会对社会学专业人才的巨大需求。经过 10 多年来的积淀与发展，该专业现已成为一个基础条件较好、教学水平较高、办学实力较强、教学管理规范、专业特色鲜明的充满活力和发展潜力的新兴专业，并延伸出了一个二级硕士点——民族社会学。目前，本专业现有专兼职教师 10 余人，在学科建设、人才培养、科学研究与社会服务等方面取得了较好成就，正在逐步形成"立足基层、辐射全国和品质优良"的社会服务格局，为民族地区的社会经济发展做出了重要贡献。

1　定位与目标

1.1　办学定位

1.1.1　社会学专业历史沿革

湖北民族学院社会学专业自 2004 年首次招生以来，已经有 10 多年办学历史。经过 10 多年的发展，目前该专业现已成为一个"基础条件较好、教学水平较高、办学实力较强、教学管理规范、专业特色鲜明"并充满活力和发展潜力的新兴专业，是湖北民族学院品牌专业，已衍生出发展势头良好的民族社会学二级硕士点。

1.1.2　社会学专业发展目标

湖北民族学院社会学专业在充分总结 10 多年发展经验的基础上，结合社会经济发展的客观趋势和要求，依托社会学的姊妹学科民族学，启动社会学学科建设，引进并培养高学历高水平的专业师资，建设一支"特色鲜明、专业结构、学缘构成"合理的教学科研团队；本着"宽口径、厚基础、强技能、高素质与广适应"的办学理念，逐步完善"理论与应用"并重，"课内与课外"相结合的人才培养模式，构建以"适应社会主义和谐社会建设要求的具有扎实的专业基础知识，较高的理论水平，较强的社会调查研究与统计分析能力，合理的知识结构以及较高的综合素质"为基本要求的课程结构和体系，基于社会经济的变迁与发展要求进行教学改革，使本专业成为湖北民族学院比较有特色和较大社会影响的社科类专业。

1.1.3 社会学专业总体发展规划

（1）指导思想。坚持社会主义办学方向，深入贯彻"三个代表"重要思想，落实科学发展观，践行"十九大"精神，实事求是的进行教育革新。结合民族学与社会学学院专业建设的特点，根据社会学学科前沿和发展的主流趋势，面向国家与社会经济发展需要，"以教育观念更新为先导，以教学改革为纽带，以人才培育为核心，逐渐展现自己特色"。用新时代的"人才观、质量观和教学观"来指导专业建设，掌握有限目标，在重点突破、强化优势与特色的基础上，充分体现"实践创新能力和就业能力"的培育，促进"人文精神与科学精神"的融合。着力提升学生的适应能力、自主能力与可持续发展能力，注意培育新的兴趣生长点，完善民族社会学硕士点的教学与科学研究体系，使学生做到"学会学习、学会生存、学会发展"。

（2）发展目标。

①总目标。以"专业建设和教学改革"为抓手，坚持"全面建设与重点突破"相结合的基本原则，积极推进"人才培养模式和课程结构及其体系"变革。以"就业"为导向，基于"市场和民族地区社会经济"的发展，以服务基层为宗旨，以高素质、复合型社会学专门人才培养为核心，以"质量"谋求生存发展，全面开展并推进"学科建设、师资队伍建设、教学建设和科研建设"。通过七年左右的努力，力争把社会学专业建设成武陵山有一定影响的示范性专业，使之成为西部民族地区社会学人才培养

的重要孵化器。

②具体目标。

a.教师队伍建设：逐步建设并形成一支"由具有教授、副教授职称主讲教师负责的，结构比较合理、教学水平较高、教学效果良好的师资队伍"。

b.教学规范文件：制订并完善主要本专业"基础课和专业课程"的教学大纲与考试大纲，逐步形成比较合理的教学体系和质量评价标准及其体系。

c.课程教学内容：专业课程教学及其内容突出了社会学的视野和学科特点，紧密结合中国社会经济发展的实际；体现社会经济建设与社会调查实践的特点，逐步强化社会调查与研究、应用文写作与组织管理等实践技能的培养；注重用社会学理论解决实际问题的能力培养；将多民族社会和而不同的"人文素养"融入课程教学之中，注重学生综合能力的培育；同时，将最新研究进展融入教学内容之中，以扩大学生的知识面和视野。

d.变革教学方法：按照课程特点与实际需要，采取各种有效的教学方法，合理运用现代化的信息技术手段，革新传统的"教学观念、教学方法和教学手段"。

e.教材选用方面：选用国家级社会学类优秀教材、教育部推荐教材与重点大学的获奖教材。同时，根据教学需要组织开发合适的电子教案、授课讲义与教学课件。

f.强化实践教学：高度重视"课程见习、社会调查、毕业实习、综合技能实训"等实践性教学环节与实习实训基地建设，重视实践性教学大纲的制定，通过实践教学来培养和提高学生的实践创新与应用能力，以体现本专业的特色和水平。

1.2 培养目标

社会学专业主要"立足湖北，着眼民族地区，辐射全国"来培养适应社会主义和谐社会建设需要的具有良好思想政治素质和品德修养，具有较全面的社会学理论与应用知识，有较熟练的社会调查与研究技能，具备从事社会调查与研究、政策研究与评估、社会发展规划与管理、社会行政管理、新闻传播、企事业组织管理以及中学教学等工作的有创新精神和实践能力的应用型、复合型人才。

本专业毕业生可在党政机关及其他社会公共组织从事管理工作，尤其适合在民政、劳动、社会保障和卫生管理部门以及工会、青年、妇女等社会组织和机构从事社会调查研究、社会保障、政策研究、行政管理、社区发展规划与管理、社会服务、评估与操作等工作；也可在企业或媒体行业从事市场调查与分析、社会调查、公共关系以及新闻传播与策划等工作；同时，也可继续攻读社会学及其相关专业硕士学位或到教育部门从事教学等工作。

1.3 人才培养的中心地位

1.3.1 领导对本科教学的重视情况

校、院两级领导十分重视本专业的教学工作，都把本专业的教学放在重要位置，积极采取各种有效措施来强化"本科教学"：（1）各级领导积极倡导、探索并推动本科教学改革和创新；（2）院领导带头积极开展本专业的本科教学研究和教学改革，效果较好；（3）有专人负责本科生的日常教学管理与培养工作；（4）设置系主任和专业负责人，负责本专业的建设与发展等基本教学管理工作，对人才培养模式进行优化并积极实践。

1.3.2　提高人才培养质量的主要措施

根据本专业的人才培养目标，该专业教师以"创新"驱动发展，以"服务社会"为己任，以培养民族地区的社会学应用人才为目标，继续发挥本专业民族社会经济发展中的特殊作用，其措施主要体现在以下几个方面：（1）积极完善本专业本科教学的管理制度，提高其教学管理水平；（2）建设并调整教学的质量管理组织；（3）把本科教学业绩作为教师业务考核的重要条件；（4）鼓励教师"革新教学内容，改进教学方法，更新教学手段，创新管理方式"；（5）鼓励人才培养方式的创新与实践。

1.4　存在的问题与解决措施

1.4.1　存在的问题

湖北民族学院社会学专业作为新兴专业，虽然是已经成为校级品牌专业，在培养管理人才和学术研究方面都做出了一定的成绩。但近年来，本专业却面临着"就业状况不佳、招生难"等问题，有着明显的压力和挑战。

（1）近年来，在招生中第一志愿录取率不是很理想，很多是调剂过来的，学生素质相对不高；同时，就读一段时间后，学生转专业现象也很明显。

（2）国内重点高校的先进管理教育方式和教学内容开始对地方民族院校产生一定的冲击，其教育模式应更加"柔性化、多元化和层次化"。

（3）相对来说，湖北民族学院地理区位的相对落后，给"招生、就业与优秀师资人才引进"等方面的改革创新也带来一定压力。

（4）专业的认同度不高，毕业生的就业率有待提高。

1.4.2　解决问题的措施

目前，社会学专业正处在一个转型成长的关键时期，这就要真正按照现代教育理念和专业发展的科学规律去发展和运作。为此，本专业采取了一系列的具体措施和对策来迎接新的挑战，比如"加强师德师风建设、改进教学方法、教学考核成绩差的教师不能晋升职称"等，以进一步重视和提升本专业的本科教学质量和水平。

2　师资队伍

2.1　数量与结构

社会学专业共有专职、兼职教师 13 人，其中教授 4 人，副教授 3 人，讲师 6 人，新进人员 2 人，其结构逐步优化。现有师资虽然没有从事过社会学专业教学，但从事过其他专业的社会学概论，社会调查方法课程及其相关课程的教学，他们能够转向社会学专业课程的教学，原有教师的专业背景多数与社会学相近，新进青年教师中有 1 名是社会学博士。这为社会学专业建设提供了基本的师资力量和教学保障（见表 1）。

表 1　社会学专业教师情况一览表

序号	姓名	性别	年龄	学历	学位	职称	毕业院校及专业
1	谭志满	男	48	研究生	博士	教授	中央民族大学民族学
2	谭贤楚	男	50	研究生	博士	教授	南京大学社会学
3	刘伦文	男	53	研究生	博士	教授	中央民族大学人类学
4	陈心林	男	42	研究生	博士	教授	中央民族大学人类学

续表

序号	姓名	性别	年龄	学历	学位	职称	毕业院校及专业
5	唐卫青	女	48	研究生	博士	副教授	中南民族大学民族学
6	陈沛照	男	42	研究生	博士	副教授	广西民族大学民族学
7	冉红芳	女	43	研究生	硕士	副教授	中南民族大学民族学
8	赵杨	女	39	研究生	硕士	讲师	中南民族大学民族学
9	韩敏	女	38	研究生	硕士	讲师	中南民族大学民族学
10	张明波	男	37	研究生	硕士	讲师	湖南师范大学外国哲学
11	胡兆义	男	35	研究生	硕士	讲师	兰州大学民族学
12	周书刚	男	37	研究生	硕士	讲师	华中师范大学社会学
13	唐桂明	女	38	研究生	博士	讲师	南开大学社会学

2.2 教育教学水平

2.2.1 教师专业水平与教学能力

社会学专业 13 名专职、兼职教师符合教师资格条件，大部分教师具有博士学位和副教授以上职称，教师总体上专业水平较高、科研能力较强——承担国家级课题 5 项、省部级项目 7 项，获得省部级奖励 7 项，发表论著 200 余篇部。

本专业教师的总体教学能力较强，不仅老教师有教学经验，年轻教师的讲课水平也很好，学生评价都在良好以上，有多位教师获奖——本专业 2012 年有团队获得湖北省教学成果三等奖，2 人次获得校级教学明星，2 人获得湖北民族学院"十佳"优秀教师，3 队次获得湖北民族学院优秀教学成果二、三等奖。

2.2.2 师德师风建设措施与效果

良好的师德师风是提高专业人才培养质量的重要条件，其建设是高校教师队伍建设的一项基础性工程，教师的"理想信念、道德品质与人格魅力"直接影响并有利于学生的思想素质、道德情操与道德行为习惯的培育与养成。

（1）严格执行学校关于"师德师风建设"的措施与制度，涵盖"教材选用、教学态度与科研促进教学"等方面，其实施效果较好。

（2）根据专业的具体情况，加强具有社会学特色的师德师风建设，比如加强班主任与教学的工作制度及其执行力度，规范教师的育人行为，维护正常的课堂教学秩序和育人过程，确保专业教学的质量，以创建"优良的教风与学风"，其效果比较明显。

（3）严格落实并执行学校和学院的"学生评教、专家评教和同行评教"三位一体的教育教学评价方法及其体系，逐步优化教学评价方案。

2.2.3 教师教学投入

（1）教授、副教授为本科生上课情况。

在本专业的所有教师中，教授和副教授都坚持给本科生上课，尤其是民族学与社会学学院的班子成员、支部书记与专业负责人，坚持给本科生上课——其中，教授、副教授的上课比例为100%，承担的课程门数约占总课程的45%。同时，多数教授和副教授还积极参加本科教学的其他环节及其活动，比如，指导本科生的学年论文和毕业论文以及指导学生的校、省与国家级等科研创新项目等活动。

（2）教师开展教学研究、参与教学改革与建设情况。

①积极参与教改立项。本专业教师在较好完成教学工作的前提下，还积极开展教学研究活动，取得了较好的成绩。近年来，社会学专业共获得

7 项教改立项，获得湖北民族学院教学成果奖 3 项，湖北省优秀教学成果三等奖 1 项（见表 2、表 3）。

表 2　社会学专业教学改革获奖情况

序号	项目名称	级别	等级	时间
1	多维变革与实践创新：地方院校社会学本科专业的探索与实践	省级	三等	2013
2	基于自主学习的学生创新能力培养及实践研究	校级	二等	2012
3	社会学专业学生研究性学习的探索	校级	二等	2011
4	民族高校社会学专业本科课程的设置、体系与实践研究——以湖北民族学院为例	校级	三等	2008

表 3　社会学专业教师承担的教学改革项目情况

序号	项目名称	级别	执行状态	时间
1	社会学专业学生研究性学习模式的建构	校级	结题	2008
2	基于自主学习的学生实践创新能力培养及实践研究	校级	结题	2009
3	地方院校社会学专业应用型人才培养模式的优化研究与实践——以湖北民族学院为例	校级	结题	2012
4	社会学专业实践教学模式研究	校级	结题	2013
5	地方民族院校学生学习状况与人才培养模式研究——以湖北民族学院为例	校级	结题	2013
6	民族院校大学生国家认同教育研究——以湖北民族学院为个案	校级	在研	2015
7	MOOC 背景下社会学专业课程教学研究与实践——以《社会学概论》课程为例	校级	在研	2015

②重视课程建设。本专业现有 3 门课程为校级精品与优质课程，其中《社会学概论》和《中国社会问题研究》已成为校级精品立项课程，《普通逻辑》成为校级优质建设课程。

2.3　教师发展与服务

2.3.1　着力提升教师教学能力和专业水平

（1）落实湖北民族学院各项针对新进教师"教学能力和专业水平"

提升的政策与措施，包括新上岗教师试讲、入职培训、教学基本功比赛与教学进修等。

（2）制定具体的教学考核方案，并将考核结果作为教师薪酬发放、职务晋升、评审评优的依据；同时，还实施了青年教师成长导师制，较好发挥了老教师的"传帮带"作用。

（3）结合科研教学工作，积极倡导交流合作。近年来，本专业每年都积极选派中青年教师进行学术交流与研修活动，鼓励教师发表高质量学术论文。

2.3.2　有效服务教师发展

（1）多层次培育教师。注重新教师培养，通过"新教师岗前培训、本科教学试讲、教师任职资格、校院两级教学督导、师德师风建设、教师工作考核、学生网络评教与本科教学事故的认定及处理"等行之有效的制度及措施，确保了基本的教学质量，维护了正常的教学秩序。

（2）在经费上支持教师的交流与学习。学院每年都预备有相应经费，支持教师"学习、参加学术会议"等交流活动。

2.4　存在的问题与解决措施

（1）教师年龄结构不合理。社会学专业拥有一支高学历、中年教师为骨干的专任教师队伍，能够有效满足现有的基本教学要求，但其年龄结构、职称结构不合理等问题已经凸现，优秀青年教师比较缺乏，本专业教师队伍将面临较明显的新生力量不足问题。

（2）师资队伍的学缘结构需要进一步改善。近年来，社会学专业取得博士学位的教师比例不断提升，但大都是学民族学的，其学缘结构需要进一步优化。

（3）一些制度需要完善。目前本专业教师队伍建设规划涵盖在学院总体战略发展规划中，尚未专门制定独立完整的教师队伍建设规划，结合专业实际，正在撰写其建设规划。

（4）进一步重视新教师教学水平的提升。针对教师中一定程度上存在的"教学投入不足、教学设计不充分、课堂控制能力不足、教学研究投入较少"等问题，应该制定专门针对教师的教育方案。特别是，在新教师的培养中，应重视定期考核，有计划培养学术骨干，为新教师发展提供广泛空间，引导新教师积极参加相关教学培训和教学技能比赛活动，使他们能够在教学与科研中发挥更大的作用。

（5）引导教师"教书育人"并重。在教师"岗位聘用、考核评价、薪酬分配、教改立项、教学评奖"等方面将逐步向教学倾斜，改变当前只以"数量"论英雄的做法，逐步转向"质与量"并重，使钻研教学、关爱学生，在教学一线取得突出贡献的教师受到重视，并得到实惠。

（6）引导教师制订职业生涯规划。督促教师逐步形成既有可操作性又卓有成效的自身教师职业生涯规划，其规划方案不应千篇一律，而应体现出"个性化与针对性"，针对不同层次、不同年龄段的教师提供指导，并帮助其优化方案，以支持教师的职业发展。

3　教学资源

3.1　教学经费

3.1.1　教学经费投入与保障机制

本专业用于本科教学的经费除学校拨款以外，还通过申报项目与自筹等路径获得了一定经费，用于本科教学的各个方面，比如学生科技创新团队的培育等。从2013年到2015年，按照学校拨款与学院实际状况，社会学专业实际教学经费总投入12.5万元，较好满足了本专业的教学工作。

3.1.2 教学经费的分配方式、比例及使用效益

本专业的教学经费，是由学院根据实际来统筹使用的。近几年，教学经费的支出主要集中在"教学设备更新、学生实践活动、图书资料的购置、实验教学、教师的学术交流"等方面，其中：购置教学设备的支出8万多元，学生实践活动的支出约1.5万元，教师学术交流的支出1.8万元，实验教学支出达2.5万元。

3.2 教学设施

3.2.1 教学设施满足教学需要状况

为了本专业"教学管理和办公现代化"水平的提高，学院想办法投入适当经费购置了足够的现代化设备，本专业的教学管理和办公都利用电脑和网络办公，提高了工作效率。本专业学生上课都是多媒体教室，几乎所有教师都用多媒体来完成课堂教学。

（1）实验室建设情况。自开办社会学专业以来，筹措资金逐渐配备了本专业必需的先进仪器及实验设备，到目前为止，累计投入50多万元。目前已经建成有50座机位的统计分析与社会工作专业实验室。有数码摄像机2台，照相机3台，工作微机数台。

（2）图书资料情况。校图书馆馆藏图书逾100万册，其中包括社会学专业图书在内的法学门类中外文图书39041册。本专业自己长期订购《民

族研究》《社会学研究》《社会学家茶座》、人大复印资料《社会学》《社会学文摘卡》等专业期刊。同时，图书馆民族文献资料室有一些相关图书可供社会学专业师生参考。

3.2.2　教学与科研设施的开放程度及利用情况

目前，本专业依托于学院和学校的各种设备，使用完好，使用率高，在教学中发挥了很好的作用。图书资料室从周一至周日早 8:00—晚 5:30 都对学生开放。

3.2.3　教学信息化条件与资源建设

在教学信息化方面，社会学专业初步具备了教学信息化的条件，该专业有比较完善的多媒体教室，部分教学大楼实现了无线网络的覆盖。

3.3　社会学专业培养方案

3.3.1　专业建设规划与执行

社会学专业在建设过程中，一方面按照本专业的特点采取各具特色的措施来推动本专业的建设，另一方面又适应社会经济实际发展状况与专业发展需求，逐步实现了与相关专业课程的交叉与渗透。本专业设置了专业的公共必修课、学科基础课、专业核心课程与专业模块课程。这些课程是社会学专业学生的必修课程，有些课程甚至面向全院进行教学，较好保证了课程建设的质量和教学质量。

同时，培养计划的制订贯彻了学生"德智体美劳"全面发展的宗旨和指导思想，在人才培养模式上强调"知识、素质与能力"培养的有机结合。

同时，在加强基础理论教育的同时，注重培养学生的创新意识和实践能力，逐步实现了学生的"一专多能"。

3.3.2 专业建设质量明显提升

在专业建设过程中，不断"更新教育观念、深化教学改革"，在办学条件、教材编写、课程结构和体系建设、师资队伍建设、科学研究与教学方法变革等方面都取得了较好进展。目前本专业已建设成为校级品牌专业，专业建设水平得到了明显的提升。

3.4 课程资源

3.4.1 课程建设规划与执行

深化"教学内容与课程体系"改革，是专业建设的重要任务，在深入研究社会学专业人才培养要求和教育教学规律的基础上，重点做了如下几个方面的工作。

（1）夯实学科基础。强化"学科基础课程"教学，特别是加强那些对于专业人才培育来说具有普遍意义的基础课程的教学，比如《逻辑学》《管理学》与《高等数学》等。基础课"既是专业知识结构的基本骨架，体现了社会学的基本特征，又是进行专业研究并获取新知识、增强分析和解决问题能力的知识基础"。因此，必须加大基础性课程教学改革的力度，要根据基础课教学的完整性、连续性与系统性的要求来确定课程教学的课时量与教学体系及其内容的结构性安排，以保证学生能够通过"基础性课程教学"获得比较深厚而扎实的知识基础。

（2）凸现专业课程设置的集群化和系统性。本专业的必修课和选修课已经实行了模块化设置，实现了课程设置的集群化——课程群，其优势在于学生可以围绕相关必修课形成比较系统化的知识结构和体系；同时，又能扩大学生的知识面，使学生形成比较广博的知识基础和广阔的知识视野。本专业的课程体系在学分或课时允许的范围内，还尽可能地增加课程种类，以扩大学生的视野和知识面。

（3）突出学生的综合素质与能力培养。本专业在教学过程中，逐步加强了学生综合素质的提升教育——注重从多方面培养学生获取知识和建构知识的能力、适应能力、组织能力、研究能力与自立能力，特别是实践能力。在课程及其体系建设中要体现实践创新能力的培养，就是要重视学生的个性发展，建立灵活、开放的课程体系，压缩教学计划中的课堂教学，使学生拥有更多的"自主学习"空间与环境，落实教育的"双主思想"，即"学生在学习过程中的主体地位，教师在教学过程中的主导地位"。在课程设置上，加强计算机、管理学与社会调查等课程和教学实践环节的建设，将"文化素质教育、专业知识教育与基本技能培养"有机地结合起来，为培养学生的创新意识与实践创新能力奠定了坚实的基础。

（4）注重理论与实践的融通与整合。本专业努力使课程体系和教学内容能够充分反映"现代社会经济、政治与科学文化"以及社会学学科的最新发展状况，在吸收国内外相关学科建设及其发展的优秀成果的基础上，使相关课程接近或达到国内先进水平，逐步提高学生"获取新知识、完善知识结构与增强实践创新"的能力。同时，鼓励学生积极开展社会调查等社会实践活动，开阔视野，锻炼能力，增长才干，强化其实践能力，这是学生获取并建构知识的又一个重要途径。

3.4.2　课程的数量、结构及优质课程资源建设

首先，本专业按照教务处相关规定，结合社会学学科与专业的培养目标确定本科生的课程数量与课程结构。课程数量及其结构得到了优化，比较合理，能够较好满足本专业培养目标所要求的课程需要。

其次，本专业还重视优质课程资源建设。根据专业精品课程建设规划，在全院教师的积极努力下，目前《社会学概论》已经成为校级精品课程，《中国社会问题研究》与《逻辑学》已成为校级精品课程和优质课程立项建设课程，其课程建设取得了较好效果。

3.4.3　教材建设与选用

为了保证高水平教材进入课堂，也为了保证高水平的教学质量，学院结合实际制定了教材选用制度，主要按照"一流、知名与创新"的原则进行教材的选用：所谓一流，是指所选择的教材必须是国家级规划教材或者是同类教材中水平最高的；所谓知名，是指导所选择的教材在教育界或学术界享有很高的知名度；所谓创新，是指所选择的教材，相对而言是同类教材中具有一定前沿性和原创性的教材。

另外，本专业自招生以来，已经建立了多层次的学生实习基地，与恩施舞阳坝街道办事处、野三关镇人民政府、恩施市人民检察院等机构建立了合作关系，共同建设"实习实训基地"，为社会学专业学生提供了多层次的实习场所。

3.5　存在的问题与解决措施

首先，在教学设施建设方面，存在的主要问题是在教学信息化方面做

的不够，数字教学资源比较缺乏，本专业课程的教学大纲、课件、教案、课程资料等还没有上传到网上。同时，还没有开设相关的网络课程。由此，本专业将积极进行本科教学资源库的建设，为教师的教学与学生的学习提供方便条件。

其次，本专业的课程数量及结构基本上符合学校教务处规定的相关要求，但是在结构上仍然存在一些问题。因此，在课程设置时，要基于社会学学科的特殊性和时代发展特征，逐步调整优化本专业的人才培养方案与课程结构及其体系。

4 培养过程

4.1 教学改革

4.1.1 教学改革的总体思路及政策措施

湖北民族学院社会学本科专业教学计划、培养方案，秉承"现代教育理念"，以"市场和就业"为导向，充分体现了以"创新能力培养和科学与人文精神"培养相结合的育人导向，着眼于人才培养目标，取得了较好的成绩。

（1）根据社会学的学科特点，遵循"宽口径、重基础、强技能、高素质"原则，培养综合素质高、创新能力强，具有社会责任感与高尚人格的实践创新型专门人才，以逐步实现"既有共性又有个性"的发展目标。

（2）结合社会学的学科特征，制定"课程结构合理、目标定位准确"的课程体系；通过"课堂教学革新、实践教学环节优化、课程实践研究与设计"等方式，逐步实现从侧重以"知识传授为主导"转向以"素质和能力发展为主导"，从"以教为主"转向"以学为主、教学相长与理论实践相结合"的整个教学课程体系和教学过程。

（3）通过"课程结构优化、教学内容更新、教学方法的革新"，逐步提高教学质量。根据社会学专业的特征，既要加强启发式、讨论式等教学方法的应用，又要及时对教学内容进行重组和更新，对课程结构进行调整，以反映不断变化的社会经济发展状况；引导学生学会"自主学习"，增强学生的实践创新能力。

4.1.2 人才培养模式的优化与改革

（1）优化培养模式：以人才培养模式的再认识为基础，从理论层面探讨培养模式与人才培养的内在逻辑关联，构建具有特色的人才培养模式及其体系。

（2）课程设置革新：基于常规课程设置，在保证核心课程的前提下，优化了适应社会经济发展及其需求的人才培养方案；

（3）倡导自主学习：践行"教为不教，学为创新"的教育理念，引导学生进行自主学习，逐步构建学生的研究性学习机制；

（4）实践教学创新：构建了社会学专业课堂实践教学、校内实践与实习基地结合的"三位一体"的实践教学模式，坚持实践能力培养的多途径；

（5）职业规划引导：从大一就要开始进行就业指导，引导学生做好"职业规划"；实现"创业和就业"并重，"层次分流"，多元化引导；以"课程教学"为基础，辅以"专题讲座"，逐步推动就业指导由"经验型向科学性"的转变。

4.1.3 教学及管理信息化

本专业一直"积极跟踪、关注现代教育技术"的发展，并注意将其与教学和管理相结合，实现了"学生评教、专家评教与同行互评"的网络化，提高了教学效果。

4.2 课堂教学

4.2.1 教学大纲的制订与执行

教学大纲是执行培养方案、实现培养目标的教学指导文件，是组织教学、进行课堂教学质量评价和教学管理的主要依据。本专业十分重视各课程教学大纲的制定，教学大纲一经批准必须严格执行，要求教师严格按照教学大纲进行"备课、讲课"，并根据教学大纲的"标准和目标"进行教学评价，已取得了较好的效果。

4.2.2 教师教学方法，学生学习方式

（1）教学方法的多种组合。为了达到最佳教学效果，鼓励教师在课堂教学采取"倡导参与式、启发式、探究式与讨论式"等多种教学方法，以激发学生的好奇心和求知欲，引导学生主动参与、独立思考，着力培养学生的学习兴趣和能力、独立思考能力、实践创新能力。教师要引导学生学会"自主学习"，灵活运用"课堂教学、课下讨论、学生自学、学术讲座与参观"等教学方法。

（2）学生学习方式。引导学生学会"自主学习"，强化过程教学。教师要根据课程教学内容给学生推荐相关的课外阅读书籍，营造"爱读书、

会读书与多读书"的浓厚氛围，督促和引导学生们养成爱读书的好习惯，增强其学习技能、培养特长的自觉性和积极性，不断丰富求知内涵，提高学生的审美情趣与人文底蕴，树立"终身学习"理念，以引领学生"成长成才"。

4.3 实践教学

4.3.1 实践教学体系建设

"大学生实践教学"既是大学教育的重要教学环节，又是"指导学生'理论联系实际'、培养学生'综合素质与创新能力'"的重要途径。社会学本科专业具有应用性、实践性的特性，因而对学生的实践要求就比较高，"实践教学"在人才培养中有着其他教学方式不可替代的重要功能和作用，其主要措施如下：

（1）建立多元化的实习实训基地，学生定期到实习基地实习锻炼。

（2）引导学生积极申报大学生创新项目，鼓励其参与教师主持的科研课题，让学生在教师指导下承担诸如社会调查等基础性的工作，并撰写调研报告和论文。

（3）鼓励、引导学生参加学科竞赛，将所学的理论知识应用到具体的实践项目中去，例如2015年，有2队次获得湖北省"挑战杯"三等奖。

4.3.2 实验教学与实验室开放情况

目前，社会学专业有统计分析实验室1个，全部面向本科生开放，为本科生开展毕业论文、学科竞赛、参与创新活动等提供实验条件，效果较好。

4.3.3　实习实训、社会实践、毕业论文的落实及效果

社会学专业的实践教学条件较好，能进行开放式教学，定期组织学生进行实习，引导学生总结实习经验，深化对理论知识的理解与应用，效果比较明显。

本专业十分重视本科毕业论文工作，对毕业论文的选题、开题、撰写、评阅、答辩和成绩评定等各个环节提出了明确要求和完善的质量标准，规范了毕业论文工作的各个流程，将指导和撰写论文的要求落实到每个教师与学生。

综合近几年毕业论文的检查，论文质量较高，成绩基本呈正态分布，格式基本规范，符合学校的要求，迄今已有 15 余篇论文获校省级优秀论文奖。

4.4　第二课堂

4.4.1　第二课堂"育人体系"建设与保障措施

社会学专业一直将第二课堂作为课堂教学的重要补充形式，并且开展了多种形式和特色的第二课堂，为学生的"自主化、研究化、高效化与个性化"学习和个性发展提供了比较广阔的空间和天地。

（1）思想政治与道德素养类。学院积极开展党、团组织的各种相关重要活动，例如通过政治理论学习等主题党日活动、"民族文化"素质讲堂、"体能与心理"素质测评等一系列活动，不断强化学生的思想认识、道德品质，促使其在思想道德等方面得到修炼和提升。

（2）科技学术与创新创业类。社会学专业一直以来高度重视科研与

教学的互动转化，并鼓励学生从事课外创新创业活动，参加各级各类学术、科技与创业等比赛。

（3）社会实践与志愿服务类。社会学本科学生积极组织或参加社会实践、各类青年志愿者服务、公益性劳动与活动，完成教学实践和实习任务等活动，效果较好。

（4）文体艺术与身心发展类。学生积极参与各种有益于身心健康发展的文体艺术活动，包括新生入学欢迎联欢晚会、运动会与篮球邀请赛等。

4.4.2 社团建设与校园文化、科技活动及育人效果

社会学专业在提高课堂教学质量的同时，引导学生参加社团活动和社会实践，发挥第二课堂的育人功能，以"学生社团"为载体，目前已经形成了"课堂教学—校园文化—社会实践"三位一体的育人模式。

4.5 存在的问题与解决措施

4.5.1 课堂教学存在的问题与解决措施

目前，社会学专业的课堂教学越来越受到重视，在"教学改革、课程建设与班级建设"等方面取得了较好的效果。但仍然存在一些问题：

（1）"教学与科研"的互动需要进一步加强。当前本专业教师承担的课题主要为纵向课题，而横向课题相对较少，并且教研向教学的转化也不够。这需要制定相关政策来鼓励教师积极申请横向课题，并强化将纵向课题与横向课题研究逐步向"本科教学"转化。

（2）教学设施需要进一步改进。虽然近几年学院也非常注重本科教

学信息化建设的投入，例如"无线网建设、网上图书馆与数据库建设"，但仍存在教学设施陈旧、信息化建设需进一步改进等问题。具体体现在：教室布置陈旧，不利于学生进行课堂讨论和互动、部分教室教学电脑比较落后容易出现教学故障、网上图书馆和课程网络平台建设不足等。下一步将协助学院，进一步多方位筹措"学经费"，不断改善本专业的教学设施。

（3）案例等教学不够。目前大部分教师在课堂教学中会少量引入案例等教学，但教学主旋律仍然比较传统，主要以教材讲授为主，使得课堂教学还不够深入和生动。建议学院出台相关政策，安排固定经费鼓励教师进行案例开发，并将其纳入本科教学大纲之中，进一步促进"课堂教学"与实际案例分析的有效"对接"。

4.5.2　考试考核存在的问题与解决措施

调研表明：当前本专业课程考核中存在"考试方式单一，多数是笔试、闭卷、理论考试，少数为开卷、技能操作考试"，造成了"重总结性考试、轻形成性与诊断性考试"的基本状况，不能全面考察学生的素质与能力；考试内容多局限于教材，侧重考察学生的记忆能力，学生发挥余地不大；考试没有"阶段性、全程性"，过于集中在期末考试，不利于教学反馈，而且考试时间集中在最后两周或三周，不能较好发挥对学生平时学习的激励与引导作用。

因此，以"素质教育"为指导的考试方式与制度，应该以过程化与综合化为原则，探索以"多元化"为特点的课程考试方式，强化"学习、实践、协作与创新"等能力训练，采用"闭卷、开卷、论文与报告"等多样化的考核方式，以激发学生"自主学习"。

4.5.3　实践教学存在的问题和解决措施

社会学专业强调"认识与服务社会"的社会实践教学一直受到高度重视，目前也建立了一系列的本科生教学实践基地，为学生提供固定的实践基地。但目前也存在一些问题，比如实习实训基地性质单一、学生自主实习较多等。

4.5.4　第二课堂的存在问题与解决措施

湖北民族学院社会学本科专业，通过丰富多彩的科技学术与创新创业竞赛活动、社会实践与志愿服务活动、社团活动与社会工作项目等第二课堂，形成了"课程实践＋校内实践＋社会实践"三位一体的综合育人模式，有利于提高学生的社会适应与实践能力、团队协作组织能力、独立思考能力，有利于促进"教学相长"。但也存在一些问题。

针对存在的这些问题，提出以下几个方面的改进建议：

（1）转变教育观念。在新的历史时期，要积极适应新时代的新要求，提高学生的综合素质和就业能力就成为培养学生的主要目标。而事实上，第二课堂教育作为提高学生综合素质的一种手段，长期以来在教师与学生中仍存在一些认识问题，亟须转变教育观念。因此，更新观念是关键，其对象不仅仅是学生，更应该包括全体教学管理人员与教师。

（2）整体谋划与布局。目前，在教学训练活动中尚缺乏明确而规范的教学目的、带有普遍意义与指导性质的教学计划并具有约束力的考核体系，整个活动的偶然性或随意性很大。由此，相关部门需要进行整体谋划与布局，制定一个书面性且可行的第二课堂活动教学计划，真正做到"有计划、有目的、有检查与有落实"。

（3）改善保障环境。第二课堂活动教学是一相对特殊的教学形式，有其内在特点和辅助条件要求。就目前开展的各项活动而言，现在的辅助条件需要进一步改善。

5 学生发展

5.1 招生及生源情况

目前，本专业本科招生的规模比较稳定，每年招生 50 名左右，但其生源质量不是很好，第一志愿录取率相对偏低。

5.2 学生指导与服务

5.2.1 学生指导与服务的内容及效果

（1）对贫困生认定及资助工作。本专业认真落实学院与学校的相关文件规定，对于贫困生的认定做到"个人申报、公正评价"，做到一视同仁；灵活、高效地运用"临时性困难补助、勤工助学与助学金"等资助方式，切实帮助了各种不同程度的家庭经济困难的学生。同时，学院还通过建立"学困生"个人档案，以班级为单位，对学生进行全面了解，认真排查"贫困学生"和"问题学生"及其基本现状，并按"学习、行为规范"等状况排查分类，建立"个人档案"。

（2）奖学金及荣誉称号评定工作。根据学院和学校的相关规定，本专业将"综合素质"评定融入奖学金的评定工作中，改变了以"考试分数"论"英雄"、以"分数"来评价学生的情况，逐渐引导学生关注个人的全面发展与个性成长。同时，在各类相应奖学金的评定工作中，本专业还坚持做到"公开、透明和公正"，整个评定程序与评定结果都要接受全体学生的监督。

（3）对心理异常学生的关爱。学生的心理问题应以积极"预防"为工作重点，通过对新生入学心理状况摸底、每学年或季度的心理情况排查，及时了解学生的心理情况，做到"早发现、早干预和早治理"，从而降低学生出现严重心理问题的可能性。若发现心理异常的学生，立即直接与校心理咨询中心沟通该生情况，并劝说或带领学生到咨询中心进行心理辅导或咨询；若学生的心理状况比较严重，则应立即通知其家长尽快到校。

（4）为学生就业提供指导。本专业历来都把就业市场的"开拓和把握"作为就业工作的重要突破口，常抓不懈，通过对学生的有效引导，帮助其做好"职业发展规划"，使其得到较快的发展。

5.2.2 学生指导与服务的组织和条件保障

本专业始终注重学生"就业意识与职业能力"的训练与培养。学生的"就业意识与能力、就业竞争力和质量"以及"步入社会后的职业能力与生涯发展状况"是衡量一个学院学生培养成效的重要指标，坚持"职业规划、就业引导、内练能力与多元就业"的工作方法，坚持"专业化、层次化与多元化"的就业要求，不断完善本专业的就业工作体系，以实现具有"正确职业价值观、多元化就业能力和实践创新能力"的综合应用型人才的培养目标。

5.3　学风与学习效果

5.3.1　学风建设的措施与效果

（1）学风建设的措施。在学风建设方面，以"端正态度、诚信学习与自主学习"为基础，通过"个人、班级、学习小组、宿舍与院系"等多种形式，开展学风建设活动，促使学生"学会学习"。

（2）学风建设的效果。本专业通过扎实开展诚信考试等"学风建设"活动，并吸引学生"积极参与"其中，引导学生"独立而深刻"的思考，从而形成了良好的学习氛围和班风。

5.3.2　学业成绩与综合素质表现

本专业重视学生的学业学习，激发学生学习的积极性和主动性，鼓励学生参加社会实践与学术探究活动，鼓励学生参加各级各类"学术、科技与创业"等课外创新创业活动及其比赛活动，学生整体"学业成绩"良好，多数学生成绩比较优异（见表4、表5、表6）。

表4　近5年来本专业省级优秀学位论文情况

学生姓名	论文题目	获奖时间
朱小月	关于农村人情消费的研究	2012
陈京京	智残人士社会保障与社会服务的反思	2012
江岁月	城市化背景下的村落变迁研究	2013
陈晓露	大学生逃课现象研究——以 H 大学为例	2014
李桦	土家族非物质文化遗产传承状况	2016
徐胜男	信仰与秩序：皖南桥东村的宗教与社会学考察	2016

表5　近5年来本专业省级科技创新部分获奖情况

学生姓名	获奖名称	获奖时间
廖紊碧	湖北省大学生优秀科研成果三等奖	2011
周瑜	湖北省第二十届外语翻译大赛英语非专业笔译组一等奖	2014
刘芳	湖北省第二十届外语翻译大赛英语非专业笔译组一等奖	2014
李桦	湖北省第十届"挑战杯·青春在沃"科技竞赛三等奖	2015

表6　近5年来本专业部分学生发表论文情况

学生姓名	论文题目	刊物及时间
张华一	经济社会学视角下恩施市油荒问题探究	《湖北民族学院学报》2012
李桦	新农村文化建设现状探析——以恩施市芭蕉侗族乡为例	科技创新导报 2015
谭海涛	浅析民族地区传统习俗的传承与保护——以恩施自治州为例	科技经济市场 2015
方诗匀	文化遗产旅游资源商品化的研究	华夏地理 2015
方诗匀	对鹤峰地区农家乐发展的思考	当代旅游 2015

5.4　就业与发展状况

5.4.1　毕业生就业率与职业发展情况

　　学院对学生就业工作高度重视。学院成立了就业工作小组，建立了分级的责任制，具体工作由负责学生工作的院领导、辅导员与班主任负责。逐步建立并健全了学生就业的指导机构，保证了其运转的日常经费。学院还利用各种相关资源，收集就业信息，比如利用教师和关系单位等各种资源，收集就业信息，为学生提供更多的就业渠道和机会。学院还通过各种方式扩大宣传，提高社会对社会学专业毕业生的认可接纳程度，其就业质量较高。本专业毕业生，每年考研录取率都在85%以上，被南京大学、中央民族大学、四川大学、华中师范大学等重点大学录取硕士研究生70余人。

多名学生继续攻读博士学位（见表7）。

　　本专业还采取多种方式加强对学生的"职业规划和就业指导"工作，帮助学生逐步树立"正确的就业观和择业观"，鼓励学生"立足民族地区、积极服务基层"，到祖国最需要的地方去"建功立业"；同时，还要对毕业生进行"社交、礼仪与求职技能"等培训，鼓励积极主动地面对"就业市场"。由于本专业的就业工作做得较好，培养的学生质量较高，其就业率一直比较高，2015、2016两届毕业生就业率依次为95.2%、98.7%，许多毕业生职业发展良好，受到用人单位的认可（见表8）。

表7　本专业毕业生攻读博士学位部分名单

学生姓名	博士就读大学	湖北民族学院毕业时间
邓保群	北京大学	2009
王琳	武汉大学	2009
李文钢	云南大学	2009
田丹	华中师范大学	2011

表8　毕业学生部分科级干部名单

学生姓名	就业单位	职务	职级	年级
梅宇	湖南怀化市芷江侗族自治县委组织部	科级组织员	正科	
郑方旭	襄阳市襄州区招商局六分局局长	分局局长	正科	
周朋	建始县人民政府办公室	主任	正科	
李文广	恩施州鹤峰县新闻中心、恩施日报社驻鹤峰记者站	主任、站长	正科	
余东昊	孝感市农办	综合科科长	正科	2004级
陈千钧	恩施州安监局	主任科员	正科	
张耀	孝感市	副镇长	副科	
覃春立	长阳土家族自治县磨市镇	党委组织委员	副科	
李永忠	嘉鱼县委组织部干部教育科	副科级组织员	副科	

续表

学生姓名	就业单位	职务	职级	年级
田启	湘西州龙山县洗车河镇	党委副书记	副科	
王庆祝	湘西州永顺县首车镇人民政府	镇长	正科	2005 级
牟迪	湘西州委宣传部新闻科	副科长	副科	
向贵勇	怀化市沅陵县火场土家族乡人民政府	副乡长	副科	
郑静	内江市政协办公室政工科	副科长	副科	2006 级
夏九洲	云南省昭通市水富县地方税务局人事教育科	科长	正科	

5.4.2　用人单位对毕业生的评价

通过走访与电话访谈等方式，整理了部分用人单位对本专业毕业生的评价，其具体包括以下几个方面的内容："能够比较熟练地运用专业知识解决实际问题"，"做事有责任心、不推卸不逃避""能主动学习，并快速高效掌握相关技能，并运用于工作实践""善于协调沟通、团队合作能力较强""具有一定的创新精神""社会责任感强"。

5.5　存在的问题与解决措施

近年来，社会学专业的第一生源率较低，都在 15% 左右，而生源的质量好坏将直接影响到教学工作的组织开展和顺利实施，也影响到教育教学与培养质量。一般而言，生源质量的高低，在一定程度上可反映专业办学的质量与社会声誉。为保证"生源质量"的稳定与提高，本专业和学院采取了一系列有效措施，加强了各方面的工作。

（1）增加教育投入，改善办学条件。建议学院与学校要逐年增加教育经费投入，改善办学条件，提升办学实力，为新时期进一步提高"生源质量"提供坚实的基础。

（2）制订合理激励措施，吸引优秀学生报考，比如可采取一系列有效措施吸引更多的优秀学生报考本专业，主要有以下几个方面的激励措施：多渠道加大招生宣传的力度，采取多元化的方式"走近考生"，以吸引高质良好的生源；通过设立"新生奖学金、学习优秀奖学金与企业奖学金"等措施，吸引优秀学生；为学生提供更多的勤工俭学与实践等机会；通过设立"导师制度"，引导学生有效发展等。

（3）抓好就业指导工作，积极扩大学院影响。本专业和学院加大了毕业生就业指导工作的力度，狠抓就业工作，逐步实现了"层次化、多形式和多元化"就业，比如近5年的毕业生就业率一直保持在90%以上，进一步提高了本专业的知名度。

6　质量保障

6.1　教学质量保障体系

6.1.1　质量标准建设与质量管理体系

（1）制定教学和管理质量标准。学院和学校制定并发布了《本科教学规范》等文件，明确了各主要教学环节的质量标准，学院在本科教学管理中严格执行了学校的各项规范，规范了教育行为，保证了教学秩序的良行运行，教学质量得到了不断提高。

（2）完善质量管理体系。社会学专业在教学大纲的制定与实施、教材的选用、师资的配备、课堂教学、实践教学、教学内容与手段、考核方式与试卷质量、毕业论文的选题与指导、论文格式规范与答辩等方面有明确的目标与要求，制订了比较严格的规范，逐步完善了本专业的质量管理体系。

6.1.2 质量保障体系的组织与制度建设

为了保证专业教学质量，有效的制度保证是前提。学院为了强化教学管理，十分重视规章制度的建立，以学校的相关规定为基础，制定了学院的相关细则，逐步规范了本专业的教学管理工作，逐步使其规范化和制度化。学院严格执行各项规章制度，"教学计划、开课计划、课表管理、计划调整和课程变动"都必须履行严格的审批程序；考试管理极为严格，对考试中出现的违纪、作弊等现象，能够及时向学院和学校有关部门反映通报；严格执行"学籍管理制度、成绩管理制度与毕业资格审定制度"等。为了将教学管理工作做细做深，切实保证教学环节的正常运行，学院在严格执行了学校关于"教师听课评估、同行互评与学生评教"等制度，逐步加大了本专业教学质量的监控制度和力度。

6.1.3 教学质量管理队伍建设

学院有主管教学的副院长 1 人，教学管理人员 2 人，设立有系主任和专业建设负责人。教学管理人员是一支"年富力强、效率较高、经验丰富"的队伍，其"责任心强、爱岗敬业"，主动作为，在本专业的教学管理工作中发挥了积极的作用。

6.2 质量监控

6.2.1 自我评估及质量监控的内容与方式

（1）自我评估及质量监控的主要内容。社会学专业协助学院完成了对教学"全过程、多方位和多层次"的监控，其质量监控的内容主要包括：

①对教学计划与教学大纲的管理和监控，定期对教学计划进行调整，及时更新本专业教学大纲的内容；②对教师教学过程的管理和监控，主要监控"课程教学"是否达到教学的目标和基本要求；③对教学效果的引导和监控等。

（2）自我评估及质量监控的方式。结合实际，本专业教学质量监控的主要方式有：①日常的教学检查，学院在开学初期和期末都要对教师的教学活动进行常规检查，收集学生对教学质量和效果的反映，并提出改进意见；②教学督导，学院领导和督导组成员不定期的听课并召开座谈会，把握教学活动的基本状况，收集教师与学生对教学管理制度等的意见，并进行反馈。

6.2.2 自我评估及质量监控的实施效果

学院教学质量监控组织、制度比较健全，教学管理流程化、规范化，教学管理人员配置齐全，监控方式比较科学，取得了比较好的效果。多年来本专业基本没有出现教学事故。

6.3 质量信息及利用

6.3.1 教学基本状态数据库建设情况

本专业已建数据库主要有：（1）学生信息数据库（包括学生入学人数及其结构与毕业生就业信息等）；（2）教师基本信息库；（3）课程、教学计划与大纲等信息库。

6.3.2 质量信息统计、分析与反馈机制

质量信息"统计、分析与反馈"的目的是改进教学，提升教学质量与

管理工作水平，比如在教学质量评估过程中，将学校督导员评价、教师互评与自评、专家与学生网上评教等方面的信息进行统计分析，并将评价结果反馈给相关教师。

6.4　教学质量改进

本专业与学院围绕社会学专业的使命与人才培养目标，基于"教师队伍、教学内容、教学条件、教学方法与手段、教学效果"等多方面综合而系统的评价，进一步促进"课程内容、课程体系以及教学方法与手段"的不断改进与创新实践。

6.5　存在的问题与解决措施

（1）教学管理与控制方面。教学质量监控的本质应是"预防教学事故，提升教学质量"，其重点在于"过程控制"。但目前采取的各项措施大多还是"形式合规"的审查，对课堂实际教学的效果依然缺乏有效的监控和管理；同时，教学管理在其"执行力和效度"等方面也存在一些问题，等等。为此，本专业将协助学院准备进一步优化"教学管理过程和流程"，以激发教师教学兴趣为前提，将监控转变为"主动服务"，促使教师集中精力搞好教学工作，主动作为。

（2）信息反馈方面。目前主要还停留在相关"信息统计"的层面，缺乏进一步的分析与研究。事实上，影响教学质量高低的因素是复杂多样的，学校应组织专门的工作小组，通过"问卷调查与深入访谈"等具体方法，筛选出影响教学质量的核心与关键因素做到对症下药，并提出针对性的解决措施，从而真正为教学质量的提高服务。

（3）教学督导方面。学校目前虽然启动了"教学督导"工作，但它似乎主要集中在"督"而缺乏有效的"导"，会引起"督导员与任课教师"的矛盾，对教学质量的提升反而起到一定的负面作用。为此，本专业建议学院和学校要定期召开"督导员与授课教师"的交流会，由经验丰富的督导员讲解督导的重点与价值，并指出一些普遍存在的问题，提出一些有针对性的改进意见。

7　特色与优势

社会学是一门紧扣"时代脉搏"的学科，其培养定位是——"文理交融、博专结合"。自从2004年开办社会学专业以来，一直秉承"规模适度、特色鲜明、水平一流"的专业发展理念来建设社会学专业，其培养基于"知识的应用性、前沿性、实践性"，通过多年来的探索实践，形成了如下几个方面的特色与优势。

7.1　培养特色

（1）以"厚基础，宽口径、高素质、强能力"为原则，培养具有双基础、双能力的人才——双基础是"社会学理论"和"社会研究方法"知识的发展；双能力是"分析中国社会问题"和"参与社会实践"能力的发展。

（2）瞄准国内一流，完善培养方案；理论应用并重，强化实践环节。

（3）教学科研互动，凝练特色方向；展示民族文化，强化民族团结。

7.2　就业优势

（1）基于"宽口径、厚基础、重实践、高素质"的人才培养原则，毕业生的就业渠道广、就业面较宽，目前基本实现了"立足湖北，面向民族地区，辐射全国"的就业格局。

（2）秉承"基础应用并重"理念，通过"社会学概论、逻辑学、社会调查方法、社会心理学、论文写作、社会问题分析"等的课程教学，把本专业毕业生培育成为"一专多能"的综合型应用人才，他们社会适应与组织沟通能力强，在政府（如公务员考试）、市场（如企业）等就业领域有明显的优势，已形成多元化的就业格局。

（3）基于社会学的系统学习和训练，学生在知识视野、英语应用能力和创新创业能力等方面都表现出了"思维独特、整体视角、适应性强"等明显优势，受到了社会一致好评。

7.3 相关措施

（1）创新人才培养模式：坚持以学生为中心，采用"理论课程、实践教学、多元培养"三位一体的社会学专业本科生人才培养模式。

（2）推进课程教学改革：除了传统的课堂讲授外，将结合实际采用"讨论法、换位教学法、问题与案例分析法、情境与体验教学法"等方法来进行教学。

（3）强化实践育人：结合学校的特色和优势，开展城镇社区与乡村调研、社区工作实习、企事业单位实习和大学生创新训练计划（SRT）等综合性实践教学活动，培养德才兼备的社会研究和公共管理与服务人员，特别是适合现代社会急需的社会研究与市场调查、社会保障、城乡社区建设与服务、中学教学、妇女与青年工作等方面的专门人才。

后　记

　　本书是张明波博士主持的湖北民族学院教学重点项目《社会学专业实践教学模式研究》（2013JYZ23）与笔者主持的国家自然科学基金项目《武陵山农村贫困的影响因素、形成机理与治理研究——以恩施州为例》（71463014）的成果。本书之所以能够顺利出版，首先得益于合作者的支持与奉献，他们是：张明波（湖北民族学院马克思主义学院副院长）、李萌萌（湖北民族学院科技学院），由衷地感谢他们的付出，感激之情油然而生。

　　感谢湖北民族学院对社会学学科建设与学术创新的支持，使得本书能够受到国家自然科学基金经费予以资助出版。

　　感谢湖北民族学院民族学与社会学学院院长谭志满教授、学报编辑部主任刘伦文教授、科技处处长谭德宇教授、教务处处长李军教授与恩施州副州长田金培先生，对他们长期以来对我的鼓励和支持，表示诚挚的谢意。

　　感谢知识产权出版社，尤其是本书策划者田姝女士与责任编辑许波和张冠玉女士，她们为本书出版提供了中肯建议，并付出了艰辛的努力，谨此深表谢意！

　　最后需要说明的是，作为一名普通的高校教师，究竟如何来培育适应社会经济发展的高素质人才，一直是我们长期以来积极思考并进行教育实践的内在动力。本书基于"教为不教、学为创新"理念，着眼于人才培育，遵循"以学为中心"原则，积极倡导学生的"自主学习和实践创新"，认为"高等教育改革的'综合协同变革、引导自主学习、实施创新教育与培育健康人格和造就优秀人才'"之间有着内在的逻辑一致性，这始终是大学教育追求的基本目标。由此，本书的基本观点若能引起人们对我国高等教育改革的关注和思考，则幸甚矣！

当然，本书重在资料的整理、汇编与呈现，其学术质量与水平还有待提高，甚至难免会存在一些局限，希望能够对我国高等教育改革及其人才质量的提高有所借鉴，恳请各位专家和读者批评、海涵并指正。

谭贤楚

谨记于湖北恩施怡嘉苑

2018 年 9 月 28 日夜